年輕，不打安全牌

許峰源（法羽老師）著

〈導讀〉

付出生命，才能得到生命

春天診所董事長　何麗玲

我最喜歡的印度詩人泰戈爾曾經說過：「生命授予我們，但我們須付出生命才能得到生命。」環顧古今中外有成就的人物，幾乎都是用盡一切力氣來讓自己的生命發光發亮，就像《刺鳥》一樣，用盡自己的生命唱出一首最美麗動聽的歌，讓所有聽者為之動容。許峰源律師顯然也是這一類型的人。

我和峰源於兩年多前在羽球場結緣。當時苦於羽球球技無法突破，看到峰源打球頗有國手級的架勢，有如茫茫大海中望見明燈，就常常跟他請益羽球的技巧。之後慢慢知道峰源奮鬥向上的過程，小時候一家八口住在八坪大的屋子，靠著父親賣臭豆腐為生，他卻不以為忤，反而把貧窮當成加分條件與資產，加倍努力向上。我對他更加刮目相看。

命運總是讓我們措手不及。峰源事親至孝，為了讓生病的父親看到夢想實現，暗暗發誓要在大學畢業那年應屆考取律師，孝心與鬥志讓他果真考上了，並且趕在父親逝世前，讓父親看到他的律師證。在答應幫峰源寫序時，我原以為這本書是記錄他如何從一個赤貧子弟到律師事務所所長的奮鬥歷程，因為光是這些，就足以讓讀者感動萬分。但是讀了書中的內容之後，我更加覺得每一個成功者的背後都有一些令人尊敬的地方。很多人花了一輩子學不到的人生道理，年輕早慧的峰源似乎都體悟到了。

書中的第一部分「絕境激發潛能」，峰源以自己為例，告訴大家成功的機會不會平白無故出現，必須緊緊抓住所有看似不起眼的小機會，從中學習經驗，扎根實力，等待更大的機會來臨。他談到考上台大法律系的那個暑假，去應徵補習班的解題老師，補習班並沒有適合的職缺，但為了打工補貼家用，結果他從當板弟擦黑板、倒垃圾、為老師買晚餐、倒水，領一百元時薪，爭取到當解題老師的機會，再透過不斷大量解題累積實力，最後上台教課。

只有爆炸性壓力，才能帶來爆炸性進步；潛能只有在極端痛苦、壓力無限大、用性命去拚的時候才會被激發出來；成熟就是責任的承擔能力；畏怯是最大的敵人，永遠不會向命運低頭，但學會在命運面前謙卑；人必須要有冒險的勇氣，如果凡事都以安全為上，不願意承受任何風險，那必定會一事無成。峰源以自身體驗的道理，一字一句寫出原本只有智慧的長者才說得出的警語，讓我看了也不禁勇氣十足、鬥志昂揚。因為這些話不是老生常談，而是一個有血有肉的人所實踐出來的道理。

在本書的第二部分「學校沒教你的事」，峰源談到個人的創業經驗，他並不諱言創業前兩年確實碰到瓶頸，可貴的是，他不是一個把所有錯誤關在門外的人，所以很快就找到了問題所在，也發現了修正錯誤的方法。他以差異化決定勝負，鎖定「消費者保險理賠案件」，沒多久就闖出了一片天。站穩腳步之後，峰源並不以此自限，他又自創超齡學習法，爆量學習，縮短成功時程；透過大量閱讀，累積專業知識，提昇競爭力。另外，峰源也以打羽球「鐵腿」的經驗，告訴大家如果能把苦吃下，就能使自身的能力提升。

爲了做好一個領導者，峰源也悟出了許多道理，他說要成爲英雄，必須要先學會戰勝畏懼；領導者要把自己做小，團隊做大；要成爲一個眞正的領導者，就必須擁有「利他」的價値觀；懂得感恩的人，才値得培養。從這些話語中，我看到了峰源有一顆溫暖的心。他引用台灣社會中一些名人的話，證嚴「願有多大，力量就有多大」、戴勝益「簡單的事做久了，就是一種不簡單」、鄭崇華「對社會有益的事，一定能賺錢」、尹衍樑「總裁無能便是德」，期勉自己也能成爲同樣的人。

峰源在書裡的第三部分「我的讀書方法很簡單」中告訴大家，給小孩成長最好的養分就是匱乏，因爲匱乏才能培養出鋼鐵般的意志，讓孩子有堅持下去的勇氣與力量。這個觀念對現代的父母親無疑是當頭棒喝，由於少子化的關係，許多家長省儉了大半輩子，卻捨不得讓孩子有一點點不足，但最後培養出一個只會「茶來伸手、飯來張口」的草莓族。

峰源更談到許多家長最關心的事情，那就是他的讀書方法。峰源的方法可能會讓那些想速成的人失望，因爲他原本就是一個苦幹實幹的人，不會鼓勵大家用投機的方法。他說「自信」不能由別人賦予，更不是別人單純的鼓勵就可以獲得，必須透過嚴謹的自我要求及戰勝自己獲得，因此，不斷地準備，就是克服恐懼的最好方式。所以，最後他歸納出來的讀書方法就是養成訂正習慣，因爲，既然不二過的人就是偉人，那不二過的學生不上台大，誰上台大？

看完這本書，心裡一直有個感覺，像峰源這麼努力的人，成功不給他，要給誰呢？這麼年輕的一位律師，有著這麼多不平凡的經歷與見解，更難得的是，他竟然願意毫不保留的把自己成功的經驗與大家分享，我想這與他的熱情及自信有關，就像他說「我的讀書方法很簡單，但是你做不到」，他根本不怕你知道他成功的方法，因爲一切都是勇氣與意志的拚鬥過程。沒到最後一刻，你是不可能看到峰源停下腳步的，因爲他是用付出生命來得到生命的人。

〈推薦序〉上天對他開了個玩笑，卻給了他異於常人的鬥志

正遠保險經紀人公司董事長　朱水源

我認識的許峰源，眞的是七年級生的菁英典範。七年級已經很少有像他這樣的人了，因爲現在的七年級是創意有餘卻耐力不足。菁英絕不是只限名校畢業，更不是指只會死讀書的人，而是對任何事都要有毅力與耐心的徹底執行，成功達成理想目標，這才是我所謂的菁英。

我在好友介紹下與峰源結緣，當時他正想創業。我們一見面，才聊不久，我就覺得怎麼有成熟度這麼高、頭腦又清晰的年輕人。我一說明保險業界現階段的專業迷失和問題，他馬上可以找出律師在這個業界扮演的角色定位，當下我們便決定合作，開創了法羽保險律師事務所，更解決了客

戶的法律糾紛與問題。最重要的是，峰源身爲一個不喜歡訴訟的律師，卻能解決許多糾紛及法律問題，讓當事人都能滿意，並運用法律見解來協助業界釐清許多實務與法律的盲點。所以不到半年，他便已經在保險業嶄露頭角。

與峰源合作大可放心，因爲他的執行力與責任感足以讓人安心信任。「不經一番寒澈骨，焉得梅花撲鼻香。」上天對他開了一個玩笑，讓他沒有順遂的童年與求學階段，但卻給了他異於常人的毅力和鬥志，讓他透過努力不懈獲得不凡的成就。

當然，人生的路途還很長，未來會有更多的挑戰等著峰源。現在的成就是起步。他因爲謙卑而得遇貴人，因爲專業而開展事業，因爲努力而有了現在的成就，我相信峰源這種優秀的年輕人會傾全力爲社會貢獻所學，也讓自己的人生更加燦爛，我很榮幸的祝福他，並爲讀者有這本書可以做爲激勵而導向正面的社會價值而高興。

〈自序〉你的人生只想永遠打安全牌嗎？

在元朝末年亂世，群雄並起，其中陳友諒、朱元璋、張士誠三人的實力最強，朱元璋想要統一中原就必須要擊敗這兩個人，他和所有將領召開軍事會議，問大家：「應該選擇先攻打誰？」大家一致認為，應該先攻打張士誠，因為他的實力較弱，待戰勝張士誠後，就有足夠的實力和陳友諒一決雌雄，這樣的戰略較為安全，較有勝算。

朱元璋聽完後嚴肅地說：「我認為必定要先和陳友諒決一死戰！」所有將領都傻住了！他接著說：「張士誠器小，陳友諒志驕，器小無遠見，志驕好生事。如果我進攻陳友諒，張士誠必定袖手旁觀，不會出兵援救；但如果我進攻張士誠，陳友諒為了擊敗我，無疑會傾全部兵力救援，到時我們兩面受敵，必定會遭到殲滅。」最後，朱元璋力排眾議，下了決定存亡的戰略指令——決戰陳友諒。

朱元璋後來和陳友諒在鄱陽湖進行決戰，果眞得到最終的勝利，也在這場戰役中奠定問鼎天下的基礎。

如果你是朱元璋，會做出一樣大膽的決定嗎？

人生的路途很漫長，但關鍵的就只有幾步而已！你的人生只想永遠打著安全牌嗎？

我是許峰源，學生口中的法羽老師。學生對於我的求學過程、讀書方法、創業經驗很有興趣，一直認爲這其中一定有很特殊的秘訣，所以我的演講總是有很多人參與，想要來學習所謂的「秘訣」。

其實，我的生存方法眞的很簡單，只是一般人做不到！爲了分享如此簡單的方法，所以我寫了這本書，希望未來有更多的年輕朋友們可以利用我的經驗創造自己的未來。

寫一本書一直是我從小的夢想，可惜我沒有寫作天分，只能一直把這個夢想偷偷放在心裡。當出版社找上我，希望我能夠分享求學、讀書、創業的經驗而寫下一本書時，我嚇傻了！但我當下覺得也許這是一個契機，讓我有機會正式與內心對寫作的恐懼對決，因此，我接受了這個挑戰。

經過一年的苦練、塗塗改改、在轉戰咖啡廳、書房、臥室、馬桶……終於在接到出版社通知撰寫序文時，代表我完成一本屬於自己的著作。我又再一次戰勝了自己！

這就是我，從小到大不斷挑戰自我、戰勝自我、突破自我，因爲我認爲自己還年輕，有無限的可能，不希望人生停頓在任何「看似令人滿意」的階段。我常對學生說：「人的一生中，最大的敵人就是自己。只有心的強大，才是眞正的強大。」

我認爲不論是讀書、做事、創業的勝敗都在於一些共通的「關鍵思考」。這些關鍵的思考就是我在這亂世中的生存技能。

現代社會是一個不折不扣的亂世，是一個梟雄群起的時代，如果你還認爲書只要隨便念、有大學文憑、找到一個輕鬆安穩的工作，就可以安身立命的話，眞是太天眞了，你只是在浪費最珍貴的年輕歲月。

這本書內所描述的關鍵思考，也許會逼迫你走上「不安全」的人生道路，但相信我，「當你現在每天過得很安全，你的未來必然不安全」。

我的文筆不好，但我很重視文章中一字一句背後所代表的意義。我誠摯地希望透過未經修飾但充滿力量的文字，熱情地跟各位年輕朋友們分享這些關鍵思考，期待大家可以學會這些簡單的方法，考上心中理想的學校，並培養出專屬自己未來在社會職場上的生存技能。

感謝方智出版社的賴良珠小姐、賴眞眞小姐、柳怡如小姐對於小弟處女作的努力，更感謝您們對我這位菜鳥作家如此包容。

感謝春天診所何麗玲小姐、正遠保險經紀人公司朱水源董事長對我的照顧、栽培、提攜，還有一路上幫助我的貴人們，沒有你們就沒有今天的峰源，未來我會更加努力做好本分，幫助更多的人。

最後，要感謝最照顧我的三位姊姊、姊夫、岳母，還有一路陪伴、照顧我的妻子。

僅以本書表達我對已逝的阿爸和阿母的無限追念。

contents

c o n t e n t s

Part 2

學校沒教你的事

c o n t e n t s

Part 3

我的讀書方法很簡單

Part 1
絕境激發潛能

學會在命運面前謙卑

小時候，我們一家八口擠在三重豆乾厝的房子裡，家裡的經濟來源只靠阿爸修理機車。阿爸因爲沒接受過正式教育，所以才需要靠勞力換取金錢，他不希望五個小孩長大後跟他一樣，所以和阿母拚了命賺錢，只爲了讓我們可以接受正常的教育。後來，因爲機車的機械技術進步，加上阿爸多年勞累，導致視力漸漸不佳，無法看清機械細微的部分，所以機車行的生意越來越差，便改行賣臭豆腐。

阿爸踩著三輪車沿街叫賣臭豆腐，大家都叫他「牛車許」。每天從下午三點左右一直賣到晚上，但爲了多賺些錢，他會利用半夜到三重天台外繼續賣，因爲那個時候電動玩具店、酒店等生意正好，通常回到家時，已經是凌晨兩點多了。

當阿爸阿母不再萬能

有一次颱風天的夜晚，阿母在家裡做好泡菜，要我送去給阿爸，當我將泡菜送到天台時，只見他穿著黑色雨衣，戴著斗笠，雙手捧著至少三碗臭豆腐，在大雨中來回穿梭於附近的電動玩具店、酒店間。阿爸的臉上滿是雨水，爲了不讓雨水淋到臭豆腐上，他用雨衣遮住臭豆腐，反而不在意自己幾乎全身濕透，雨水從他的衣角不斷滴下來。當阿爸見到我時，劈頭就說：「你怎麼會送來？我等一下再踩著三輪車回家載就好，你吃飽沒？功課寫了嗎？趕快放著，快回家去念書。」

聽到阿爸這些話，我的淚水流了下來，心中充滿不捨，那一夜的場景，我到現在仍然記憶猶新……

在我記憶裡，阿爸和阿母是萬能的，身體強健，什麼工作都難不倒他們，也從沒聽他們喊過累，所以小時候我總是認爲，阿爸和阿母會永遠陪伴著我們。但到了高中，我發現阿爸已經沒辦法順利把數十箱的高麗菜從一樓搬到四樓，阿母從一樓走上四樓，也需要歇息好幾次時，我就知道他們年紀大了……所以當家裡需要體力勞累的工作時，就改由我來承擔。

於是高二那年，我心有所感的寫了一篇作文——〈阿爸的一天〉，國文老師不僅要我在全班面前朗讀，還把它登在校刊上，當時有一段文字是這樣寫的：

阿爸在從小失去家庭溫暖的情況下成長，他不希望下一代遭受同樣的不幸，因此憑著自己的雙手與堅強的意志建造了這個家庭，並且讓我們姊弟都接受高等教育，大姊還是研究所畢業的呢！但是，不幸在六年前，阿爸失去了他心頭上的一塊肉——我的大哥，因此，家庭未來的重擔都將加在我身上，我也在那年徹底改變了。每天出門前，從阿爸賣臭豆腐的錢袋中拿出泛著油膩的鈔票時，我都會告訴自己：「許峰源，你必須比一般人成熟！因爲你已沒有幼稚的權利，你必須比一般人努力，因爲你沒有失敗的機會。」

這幾年來，阿爸和阿母的身體越來越不好，我現在最大的心願，便是希望他們倆能見到我的承諾實現，然後一人抱一個孫子，而我牽著老婆的手，一起照張全家福。慈悲的上天！我希望您能悲憫我這貪婪的心願，我願用我的生命，來換取這一切的實現，我跪地祈求您，上天！

阿爸和阿母爲了維持家裡的生計，非常節省，阿母總是在菜市場中午要收市前才去買菜，通常這時的食材較便宜，但新鮮度就不是很好；而阿爸也常常在忙碌時僅以臭豆腐裹腹，他們多年來的飲食習慣都不好，加上長期沒日沒夜的勞累工作，身體狀況在我大學時就急轉直下。

殘酷的命運捉弄

阿爸在我大三那年罹患口腔癌，這是我第一次明顯感受到，與父母的緣分可能看得到終點。但我不服輸，認爲只要給阿爸最好的治療、最好的補給品，我們的緣分就會持續下去。所以我努力念書，希望趕快考上律師，趕快賺錢，改善家裡的經濟，讓阿爸可以好好養病。

考上律師後，我立刻去律師事務所上班，晚上去補習班教書，想要多賺些錢。每天晚上十一、二點回到家時，阿爸雖然身體不舒服，但還是會躺在舊家破舊的沙發上等我回來，跟我講幾句話才去睡覺。我以爲只要我持續努力，給阿爸最好的治療，就可以讓這樣的場景不斷延續，但阿爸卻在我拿到正式律師證的那天晚上離開了人世，一切發生得太突然，快到我沒有心理準備……

我原本想，雖然阿爸不在了，但我還有阿母，可以好好孝養她，讓她過好日子。但沒想到，阿爸往生後一個多月，阿母就被診斷出得了肺癌，這讓我連喘息的時間都沒有，又陷入了白天當律師、晚上和假日當老師的生活，我沒日沒夜的工作，只希望讓阿母住一間可以安心養病的好房子。

經過幾年的努力後，阿母終於搬到新房子，有很好的養病環境，她每天都過得很開心，姊姊們常常帶她到處去玩，身體狀況也「看似」穩定，此時，我又天眞地以爲，每天出門前跟阿母道別，工作結束回到家後，阿母仍然會坐在客廳開心地看著電視，這樣的幸福會永遠不變。

我真的太天真、太無知了，幸福流逝的速度永遠比你的想像快很多……

阿母在先後見證完我及大姊的結婚登記後，身體狀況迅速惡化，不斷進出醫院，此時我才驚覺阿母可能會離開我們。

我努力給阿母最好的治療，再貴的癌症自費藥物，我也毫不猶豫地使用，甚至到處求神拜佛，希望阿母的病情可以好轉。我拒絕緩和醫療，深信阿母會好起來，還是會像以前一樣，每天在客廳等我回家，開心地分享姊姊們帶她到什麼地方去玩，我始終相信，我辦得到，只要我夠努力……

在不斷接受化療、電療、進出醫院的過程中，我們都知道阿母很痛苦，但她從來沒有抱怨過，總是把苦往肚裡吞。而我總是不斷地鼓勵阿母要堅持下去，要撐過痛苦的治療過程，等病好了以後，我們還要帶她到很多地方玩。但隨著病情不斷惡化，阿母也越來越痛苦。

我永遠記得有一天深夜，阿母因爲難受到睡不著，親口對我說：「要和你們結這個父母緣，是很辛苦的。」我聽了便躲回房裡，不停地哭泣……

那天晚上過後，我和姊姊們討論，決定讓阿母接受緩和醫療，不再自私地將阿母強留在身邊，不再讓她承受病魔的折磨。

此時，我才明白：**我永遠不會向命運低頭，但我學會在命運面前謙卑。人生有些事情是你再怎麼努力都沒有用的，這個時候就要學會放下，放下是需要莫大勇氣的。**

在阿母往生前的那個晚上，我還是必須去教課，記得當晚我站在講台上，心裡忐忑不安，根本不知道自己在講什麼。過了十幾分鐘，主任衝進教室，要我立刻趕到醫院，當時我心裡很難過，在奔跑中不斷流淚。到達醫院時，阿母還有生命跡象，我知道她在等待，等待所有兒女到齊，當兒女、媳婦、女婿們都到時，阿母才放心地離開我們……

我慢慢地、慢慢地了解到，所謂父女母子一場，只不過意味著，你和他的緣分就是今生今世不斷地在目送他的背影漸行漸遠。你站立在小路的這一端，看著他逐漸消失在小路轉彎的地方，而且，他用背影默默告訴你：不必追。

——《目送》，龍應台

每當看到龍應台的這段文字，我總是鼻頭一酸，感觸良多。子女在年輕時，總會將與父母的緣分視為理所當然，通常只覺得父母管太多，但這樣的緣分總有結束的一天。命運最有趣也最可恨之處，在於它總是難以預測。父母與子女的緣分有多長？在什麼時候會結束？都是不能預測的，然而它也會很公平地告訴你：**「無論任何人，不分貴賤，都會有個終點，當終點來時，縱使你再怎麼努力，擁有再多的財富，都無法阻止它，這就是人生。」**

珍惜與父母的珍貴緣分

一直到現在，我心裡始終留有遺憾，認爲自己很不孝。因爲我直到阿爸和阿母都離開後，才眞正明白，父母需要的不是家財萬貫、錦衣玉食，他們要的只是我們可以放慢腳步，和他們一起慢慢走，黃昏時陪他們在公園裡散散步，坐在長椅凳上講講話；回家後一起坐在客廳沙發上看閩南語連續劇，一起罵壞人、疼惜被欺負的好人。他們要的親子幸福其實是那麼簡單、平凡和眞實，但無知愚蠢的我，卻到現在才明白。

記得幾次陪伴阿母出遊時，她總是笑得非常燦爛，燦爛到我絲毫感覺不出她是病人，那笑容深深烙印在我腦海裡，永遠都不會消逝。當時姊姊們常對我說：「你陪阿母出遊的時候，她總是特別開心。」當時我並不以爲意，總說只要我工作空閒時，就會陪阿母，但我始終忙碌，現在回想起來，眞是悔恨不已……

故鄉的山　永遠攏站置遐　阮的心晟只有講乎山來聽
來到故鄉的海岸　景色猶原攏總無變化
當初離開是爲啥　你若問阮阮心肝就疼
你若欲友孝世大嘸免等好額　世間有阿母惜的囝仔尚好命
嘸通等成功欲來接阿母住　阿母啊　已經無置遐

——〈落雨聲〉，方文山／詞，周杰倫／曲

江蕙的〈落雨聲〉這首歌，總會提醒我的不孝和遺憾。人性始終會讓我們把眼前的一切緣分視爲理所當然，只有當它快要消逝時，你才會感受它的珍貴，而有些緣分是一去不復返的。每次我聽到學生抱怨父母管太多、太囉唆時，就好想跟他們說：「有健康的父母在你身邊，就是人生中最大的幸福，世上有父母疼惜的囝仔尚好命……」

第4版 圖書館 采風第 22 期(本期四版)89.1.18

關心如冬陽，將冷冽的冰雪融化掉，而它的光芒來自父母，來自老師，來自朋友，來自每一個人的愛。家事、國事、天下事，事事關心的本意，就是要我們關心的種子，在心田上，萌芽、茁壯，讓社會上所有弱勢的一群，所有的事物，都在我們關心的樹蔭底下，受到保護。讓關心的大樹長滿整座山，當一陣風吹過，當一陣雨下過，關心的種子，又再次落地生根，又再次出現無窮的生機！

那天，我們逛街去

■ 310 鄭雅禎

哇！停電了，我跟媽媽持著手電筒面面相覷－怎麼辦？

那是一個悶熱又停電的晚上，也是地震帶來的「禮物」。唉!沒辦法啦!只好出去消磨消磨時間囉!於是一家大小由家裡出發至重新橋下的一個小夜市。

走在閉著眼都能摸著的路上，東闖西闖的，活脫脫的像個驍勇善戰的將軍!哈哈!而所謂的「逛街」，在我的字典中，彷彿只有逛夜市的機率是較高的。且那個小夜市可以算是我一個小小的天堂喔!

每次去那裡，總是有新鮮事。以前非常風靡在街上打彈珠的我，雖然戰果總是一顆小小的情人糖，但也是令我欣喜若狂；至於現在的撈金魚啦、射飛鏢啦、套圈圈啊什麼的，每一項我都玩得不亦樂乎。在那兒還有物美價廉的商品，每次總是逛到腿痠腿疼了才肯停下來歇歇腳。當然，這次也不例外囉！

美食，是夜市的另一特色，我最想推薦的就是－「胡椒餅」，天啊!真是人間美味：鮮美多汁、料又結實，吃了一個，就會想再接下一個。想到了「它」，彷彿仍是齒頰留香，哇....

或許「逛街」這個休閒活動常令人覺得只是浪費時間，但是，別忘了，在逛街的同時，不但可走路健身，更可增廣見聞、吸收新知，（還可以提升「殺價」的功力哩!）怪怪!這麼多的好處，想必你已經心動了吧!那就快裝滿荷包，準備去瘋狂大車拼囉!

阿爸的一天

■ 高二忠 順智

阿爸是在一個不正常的家庭下成長的孩子。我的爺爺在阿爸剛出生時就被抓去關了，而我的奶奶也在我阿爸五歲時就跟別人走了。因此，阿爸是曾祖母撫養長大的。但不幸的是，曾祖母在我阿爸十二歲時去世了，此時的阿爸，成為了一位名副其實的孤兒。在阿爸的記憶中，他在村子裡總是被欺負，哪家掉了東西，就說他偷的，而他總不能多做辯解，只有挨打的份，沒有人會幫助他，因為他是一個孤兒。阿爸一直到以新台幣十一元赴台北闖天下，娶了我阿母，然後生下我們五隻小豬仔子，才真正有家的感覺。

先前，阿爸做了二十年的「黑手」(修理機車)，後來因為眼睛不好，車種複雜，而宣告放棄，現在改行賣臭豆腐。臭豆腐，雖是一門小生意，卻十分辛苦，特別是阿爸要求泡菜要每天做，才不需要放防腐劑，而危害到客人的健康，因此，阿爸和阿母就顯得更勞苦了。

清晨四點，才剛是阿爸上床睡覺的時間，到了六點，就又聽到阿爸起床的聲音，為了不吵醒孩子們，他總是躡手躡腳的出門。這時候阿爸必須到龍門市場去買最新鮮的高麗菜，然後將數大箱的菜載回家，並且搬上五樓。忙完後，阿爸回床上補個眠，下午兩點左右，阿爸再起床吃中午剩的飯菜，然後又趕到自強路拿臭豆腐。下午三點多，一切就緒後，阿爸就踩著三輪車，播放我錄製的叫賣聲，沿路賣臭豆腐去了。

每天晚上七、八點時，家中的電話一定會響起，電話的另一頭必定傳來阿爸的聲音，問我：「你吃飽了沒？要多穿一些衣服.....」雖然平淡，卻很真切的關懷。凌晨兩點多，我剛複習完功課，家中電鈴響了，我們知道是阿爸回來了。我們趕緊下樓幫忙，然後上來吃完宵夜，如果我還不睏的話，通常我會和阿爸一起享受那短暫的見面時間。

阿爸在從小失去家庭溫暖的情況下成長，他不希望下一代遭受同樣的不幸，因此他憑著自己的雙手與堅強的意志，建造了這個家庭，並且讓我們姊弟都接受高等教育，大姊還是研究所畢業的呢！但是，不幸在六年前，阿爸失去了他心頭上的一塊肉－ 我的大哥，因此，家庭未來的重擔都將加注在我身上，我也在那年徹底的改變了，我告訴自己：「許峰源，你必須比一般人成熟！因為你已沒有幼稚的權利，你必須比一般人努力，因為你沒有失敗的機會。」這個承諾，在我每天出門前，阿爸從口袋中拿出泛著油膩的鈔票時，更加堅定。

這幾年來，阿爸和阿母的身體愈來愈不好，我現在最大的心願，便是希望他們倆能見到我的承諾實現，然後他們倆一人抱一個孫子，而我牽著老婆的手，一起照張全家福。慈悲的上天！我希望您能悲憫我這貪婪的心願，我願用我的生命，來換取這一切的實現，我跪地祈求您，上天！

（童話故事）

當家雞學會飛

■ 王光正 老師

誰說家雞還要學飛？牠原本就會飛，只是....

話說很久很久以前，家雞原屬於雞族的一小支，是雞族裡唯一有能力飛行的，他們總是可以得到比其雞族更多、更好的食物，所以是雞族裡最突出的一族，因為他們天生就有一副強勁的翅膀，是最優秀的飛行家，其他雞族都很羨慕。

但是有一天，狡猾的獵人來到雞族居住的地

▲ 當年校刊刊出我所寫的＜阿爸的一天＞，我用大哥的名字順智當作筆名

貧窮讓我學會彎得下腰

我從小就很愛吃，但家裡的經濟狀況卻不允許我吃大餐。三重舊家附近有家知名的「里約西餐廳」，到那裡吃一頓是我小時候最大的夢想，但我家小孩沒有零用錢，因此到里約吃飯，對我而言只是一個奢望，一種遙不可及的夢想。每當經過這家餐廳，我總是站在門口痴痴地看著菜單，然後在口水快滴下來前失望地離開。

有一天，我「一如往常」（其實都是故意繞過去）經過里約西餐廳，鼓起勇氣走上二樓，想以借廁所當藉口聞聞牛排香，可是當服務生親切地走過來問：「有什麼可以爲您服務嗎？」我卻嚇到了，像個做了虧心事的孩子，以迅雷不及掩耳的速度逃離現場，留下一臉錯愕的服務生。

回到家後，我好難過，覺得很丟臉。從那天開始，我告訴自己，總有一天一定要光明正大地走進里約，一定要——那年，我十一歲。

以家裡的經濟條件，我無法向阿爸、阿母開口說「我想要吃牛排」這句話，因爲他們這輩子都還沒吃過，怎麼可能帶我去吃呢？所以，我只能靠自己。

到市場擺攤，驚遇道上兄弟

由於當時鄰居是知名太陽眼鏡的製造商，製程中會有一小部分瑕疵品，一般而言都是直接丟棄。但我突發奇想：既然無瑕疵的成品市價是兩千多元，那稍有瑕疵的成品若賣一、二百元，應該賣得出去。在牛排香味的驅使下，我大膽向鄰居阿姨提議以每支五十元的價錢把瑕疵品賣給我，由於我沒有本錢，希望在每天賣完後再跟對方結算，沒想到對方也「好心」的同意了。

取得貨源後，我興高采烈地到大同菜市場找了一處看起來「風水」不錯的小空地，把布鋪在地上、擺上眼鏡後，就展開了我人生做生意的處女秀。每支眼鏡定價二百元，預留五十元的殺價空間，扣除成本五十元，每支可賺一百元。

我厚著臉皮在市場裡努力叫賣，客人上門時，我用心解說，身段極爲柔軟，嘴巴更是甜得像吃了蜜一樣，逗得婆婆媽媽開心極了，一筆筆生意就這樣成交。頭幾天都很順利，但第四天接近中午時，幾位叔叔來到我的攤位前，用嚴厲的口氣說：「在這裡擺攤，每天要交清潔費二百元，不然不准擺！」當時我年紀雖小，但沒有退縮，反而鼓起勇氣，用很認眞及感性的口吻對他們說：「我這呢細漢（年紀小）出來擺攤，家裡一定是艱苦人，大仔，恁可以通融一下嘸？」雖然緊張害怕到快哭出來了，但我還是繼續說：「我眞的很有誠意交錢，不過眞的沒有現金，把每天賺到的兩成給恁，好嘸？」說完，眼淚也同時沿著臉頰滑落。

這時一名中年男子現身，那群兄弟們異口同聲地喊「大仔」，原來他就是菜市場的角頭大哥——黑大仔。他認眞地打量我一番後，問我故鄉在哪裡，我回答：「我是雲林人。」他說他也是雲林人，於是轉身交代其他人：「以後就讓這個小孩在這邊擺攤。」然後就走了。

從那天開始，我安心地做生意，並依約將每天賺到的兩成交給黑大仔的手下。後來，我的生意越做越好，原本只有婆婆媽媽光顧，慢慢地也有男性顧客來買，一問之下，才知道原來黑大仔要他的手下都來「交關」（光顧生意）。

學會珍惜汗水換來的每一分錢

過了一個寒假，我賺到將近一萬元，這對十一歲的小孩而言是一筆大數目。某天中午，我特地不吃早餐來到里約餐廳，想在最飢餓的狀態下感受美味的牛排，這次我不再只是站在門外看著菜單流口水，因爲我已經有「實力」大大方方地走進去，點我夢想中的牛排來享用。

當我自信滿滿地走上二樓，服務生又走向我：「小朋友，有什麼是我可以幫您服務的嗎？」我原本應該信心十足地跟他說：「我要點最貴的牛排。」因爲我賺的錢一定足夠吃這家餐廳最好吃、最高級的牛排，但不知道爲什麼，我竟然沒有點菜，反而說：「請讓我想一想。」就這樣站著想了約三分鐘後，我毅然決然地離開，飛奔到菜市場，吃了一碗二十五元的肉羹麵塡飽肚子，然後趕回家，請阿母幫我把錢存起來。

當時的我，對自己的舉動百思不得其解，只知道捨不得花這個錢，卻不知背後代表的意涵，直到長大後看了《先別急著吃棉花糖》一書，才明白原來我不是怪胎。

貧窮讓我從小就會看人家的臉色，學會彎得下腰。一個十一歲的孩子，要獨自去菜市場擺攤、面對客戶和道上兄弟，需要多大的勇氣啊！而如何把生意做得有聲有色，把商品賣給客戶，更必須懂得掌握人性，會看人家的臉色，要明白什麼姿態才能感動別人，嘴巴要甜，要笑臉迎人，不能擺臭臉，身段要比任何人都軟。這一切的一切，都來自於「貧窮」。因爲貧窮，所以一點一滴都必須靠自己的努力，去感受社會運作的規則，才能夠得到，對於辛辛苦苦用血汗換來的錢，更懂得其背後的辛苦，也更學會珍惜。

成爲正式律師後，我終於光明正大地走進里約西餐廳，點了他們最貴的牛排，此時的我已經不再緊張，因爲我的經濟實力已經足以輕鬆地負擔一客五百元的牛排，但我永遠記得小時候爲了里約牛排所付出的努力。

這一年，我二十三歲……

暴力是解決問題的後盾，但不能解決問題

念小學時就常聽說國中有校園暴力問題，半信半疑的我就這樣升上國中。剛開學的某一天放學後，我在學校籃球場打球，突然有幾個國三學長想跟我一起打，我不疑有他，就和他們一起打。我國小畢業就已經有一六九公分高，加上不錯的運動天分，所以很輕鬆地擊敗了學長們。只是沒想到其中一個學長輸球後卻翻臉了，說我都不給他面子，要我把身上的錢交出來「借」給他！

哇！原來這就是「校園霸凌」，想不到我這麼快就遇上了。我看著五個學長，心裡暗暗評估自己以一打五應該沒有勝算，就乖乖地交出身上的

錢，因爲總共只有二十元，學長並不滿意，便對我耍了「威風」後，才放我離開。

隔天上午中堂下課時，我遠遠地看到那個學長被大約三十個學長押到我們班上，並把我叫了出去，正當我緊張又擔心的時候，昨天還不可一世的學長突然在我面前跪了下來，雙手奉上跟我「借」的二十元，並請求原諒，還邊發抖邊說會讓我打回來，絕不還手。

爲什麼他會被押來我們班上道歉，且態度一百八十度大轉變呢？謎底揭曉！還記得我小時候擺地攤的那個叔叔嗎？他可不是小混混，他是眞正的「角頭」！他碰巧聽到這件事的風聲，便出面警告那位學長，所以隔天的場面也就不令人意外了。

當時的我，當然可以拿回那二十元，然後在學長身上練練拳，換我「耍耍威風」，但我並沒有這麼做，只是拿回他「還」我的錢，邊扶他起來邊說：「這一切都是誤會，我們是不打不相識，我交你這個朋友，過去的事情就當作沒發生過。」從那天起，因爲這位學長的協助，我在學校裡就沒有被欺負過，而我也多了一個兄弟。

我會這樣做，並不是因爲當時的我就懂得寬宏大度，可以不計較任何事情，或是被打都不會痛、被欺負也都不會心靈受創，我只是深信一個道理：「朋友不用多，但兄弟一定要夠多。」所以當你有機會結交生死與共的知己時，千萬不要錯過，只要有機會可以把敵人變成朋友，甚至是變成兄弟，就更不能放過。因爲「三百個朋友都不夠，但只要有一個敵人就夠了」「在家靠父母，出外靠朋友」這些道理都是經過歷史不斷驗證的成功哲學。

過了好幾年，當年對我照顧有加的角頭叔叔因爲掃黑而在牢裡度過了餘生，而那位學長現在已經是三重地區頗具分量的大哥。如果當年我只是逞一時之快趁機報仇、耍威風，那當我的靠山失勢、而這位學長現在又有實力時，是否也會再次對我「社會霸凌」呢？相反地，正因爲當年結交這位朋友，讓我多了一位兄弟，當然我的運氣還不錯，他是一位滿「正派」的兄弟。

歷史小說家當年明月先生說過：「暴力是解決問題的後盾，但暴力不能解決問題。」這句話的意思是說，人必須努力累積自己的「社會實力」，讓其他人因爲你的「社會實力」而不願輕易得罪你，再者你若能利用這種實力來幫助別人、解決大家的問題，而不是爲了一己之利，你就會是值得大家尊敬的人物。此外，「社會實力」只是用來解決問題的後盾，在非到絕對必要的關鍵時刻，絕對不能輕易展現或行使，因爲一旦行使後，必定有人受到傷害，必然會有仇恨，會爲自己將來埋下不確定的危險因子。

企業家李嘉誠先生也說：「做人如果可以做到像仁慈的獅子，你就成功了，因爲仁慈是本性，但獅子是有能力去反抗的。」所以，請努力累積你的「社會實力」，並成爲「仁慈的獅子」吧！

絕境激發潛能，畏怯是最大的敵人

小時候曾看到許多做工仔（勞工）的長輩遭遇職業災害時，老闆一開始往往很熱心地到醫院探望、送紅包、負擔醫藥費，並要傷者安心養病，但過了六個月後，老闆就不聞不問，更甭談補償金了。當長輩們發現原來老闆是故意拖過六個月的刑事告訴期，早就爲時已晚，加上沒錢打官司，只能怨嘆無奈，任憑此等不公義事件不斷重演。

我從十歲就打定主意要當律師，這是我的夢想，倒不是爲了維護社會正義、保障人權這種偉大理想，當下的念頭很單純，就是「懂法律才不會被欺負」，法律是一種「社會實力」，我要擁有這樣的實力來保護我的家人，保護所有我在意的人，所以我要念最頂尖的台灣大學法律系。

到了高中，我仍牢記這個想法，從沒有忘記過。我國中畢業後直升台北縣立三重高中，當時在三十名直升的學生中，我排名第二十二名，成績並非頂尖。這所學校雖然不是升學名校，卻溫暖而富有人情味，我是高中部首屆學生，沒有學長姊可以做榜樣，準備考試時完全倚賴自己與老師們的努力。

冷言冷語激發無限戰鬥力

台大法律系是我從小心目中的第一志願，也是全國文組第一志願，對我而言是「夢」，一個遙不可及的夢。但我從來不找任何藉口，必定努力達成自己的目標。只是以我當時的實力要考上台大法律系，只能以「阿婆生小孩，眞拚」（意思是說不可能，很難達成！）來形容。但我相信，只要我夠拚，用性命去拚，一定可以踏進台大法學院的殿堂！

爲了激發自己的潛力，我做了一件很瘋狂的事，就是向全校師生宣示：「我一定會考取台大法律系，爲我們學校寫下歷史。」這件事情很快傳遍了全校，結果排山倒海而來的不是鼓勵，而是一片譏笑和看衰的聲浪。這一切都在意料中，但我從運動員經驗學到「只有爆炸性的壓力，才會有爆炸性的進步」，所以才創造一個高壓的環境，讓全校師生緊迫盯人，讓我沒有任何機會鬆懈。

從那一天開始，我瘋狂地讀書，當讀到很累、想偷懶時，我就會想起大家在背後取笑我的冷言冷語，這股力量轉化成可怕的戰鬥力，心中只想：「怎麼可以丟人呢？老子跟你拚了！」我的成績逐漸往上爬，高一下學期便擠進全校前三名，高二下學期，我已經拿下全校第一名了！

我很開心自己的努力有了成果，得到許多掌聲和讚賞的感覺眞好！不免得意忘形起來，直到高二下的某天下課，我遇到國中時的國文老師馬秀華老師，開心地跟她分享我的「輝煌戰果」，卻換來冷冷一句：「蜀中無大將，廖化作先鋒！」一盆冷水當頭澆下，讓我差點吐血。

我帶著失望和被羞辱的感覺回家，想了一整晚，終於明白老師其實用心良苦。因爲我已迷失在讚美中，有了全校第一名的光環，卻失去競爭力和鬥志，天眞地以爲這樣就可以考上台大法律系，這座八萬名文組考生中僅僅錄取一百五十名的殿堂，我自問：「跟建中、北一女、台中一中、台中女中……等數千位名校學生相比，你許峰源排老幾？就憑現在鬥志痳痺的你？太可笑了吧！」

那天起，我再度清醒，重新謹慎評估自己的實力後，認定自己目前是無法考上的，於是在高二升高三的暑假到台北南陽街補習班報名補習，透過補習班的輔導及整理增加讀書效率。其實，我這麼做最主要還是希望可以在南陽街找到更強的對手。

擊敗名校學生，考上第一志願！

一開始到補習班上課，放眼望去，滿教室都是卡其色、綠色、藍色、白色和黃色的制服，清一色都是前三志願的學生。我穿著縣立三重高中的制服走進教室，很不習慣，甚至還有些許的自卑。畢竟我在三重長大，老師們向來都把這些明星高中學生形容得很神，實力高深莫測，我們背單字本，他們背的卻是字典。我以前總以為這些高手頭上有長角，甚至還會輕功呢！但我就是不服輸，遇強則強，我加倍用功地念書，在強勁對手環伺下，我的鬥志不只被點燃，還旺盛地燃燒！

為了引爆自己的潛能，我故技重施地向補習班同學宣示：「我一定要考上台大法律系！」同學們互看幾秒後，爆出一陣陣大笑，有人說：「眞的太好笑了，就憑你？縣三重的你？」你們盡量笑吧！因為你們的笑聲和鄙視，我會用鬥志、意志力和實力證明一切。

我幾乎每天都念書念到凌晨一點多，在魔鬼式的自我操練下，我從縣三重第一名進步到那個南陽街高手班的前三名。到了高三上學期補習班最後一次模擬考，成績更是好到讓我不可置信，晚上十一點多，我打電話給時玫君老師，把她吵醒，分享這個不可思議的好消息，因為我竟然考到那一班的第一名！

從那一刻開始，我更有信心，相信自己有實力問鼎台大法律系，只要我繼續拚、繼續堅持下去，我一定可以的……

放榜的日子終於來臨了，我到學校查榜，當時緊張的心情，至今仍記憶猶新。我踏進學校的每一步都很沉重，因爲腿都快軟了，走了許久，距離教務處榜單約五十公尺時，就聽到學校老師們驚喜的尖叫聲和歡呼聲，我的老師們興奮地衝向我，剎那間我的心情放鬆了，我知道我的努力有了代價，我考上全國第一志願——台大法律系，我用實力讓所有的鄙視、所有的訕笑徹底消失，我的心情很踏實，因爲我知道這一切不是運氣，是實力，是我用性命拚來的！我履行了自己的承諾，眞的爲母校寫下光榮的歷史！

人與機器最大的不同，在於機器的效能和產值在被創造時，就已經決定了，但人卻不同，人之所以爲人，就在於我們有「無限的可能」，就是所謂的「潛能」。每個人都希望可以展現自己的潛能，獲得更好的成績，然而，潛能並不是每天看電視、睡大頭覺、上網聊天、打電動可以激發的，而是只有當你在極端痛苦、壓力無限大、用性命去拚的時候才會激發！

當你有能力做更難的事，就沒有人會輕忽你

曾經有一個工作不順心的年輕人到海邊散心，遇見一位老人，他向老人抱怨自己懷才不遇。老人聽完後，撿起手邊的一粒沙，丟向沙灘，要年輕人去找回來。年輕人說：「整個沙灘都是沙，怎麼可能找得到？」老人又從身上拿出一顆珍珠，丟向沙灘，同樣要年輕人撿回來，這次年輕人很快就找到那顆珍珠，他不解地問老人：「爲什麼要我這樣做？」老人回答：「如果你只是一粒沙，當然不會被注意到，但如果你是一顆珍珠，那就不同了。所以，如果你想要別人注意到你、重視你，請先讓自己成爲一顆珍珠吧！」

爲了減輕家裡負擔，我在進大學前的暑假開始努力找打工機會。因爲我很喜歡教學，於是第一份工作便去應徵補習班的解題老師。

當時我到南陽街的大型補習班應徵，班主任問：「你可以解什麼科？我們一般都是應徵數學和英文解題老師，而且以醫科、電機系或外文系學生爲主。」我回答說：「我什麼科都可以解。」他說：「但我們目前是沒有缺啦。」眼看著機會就要溜走，我趕緊說：「只要你給我機會，我什麼都願意做。」主任沉思片刻後說：「如果你願意協助清潔及倒垃圾的工作，我就另外開地理解題老師的缺給你。但我先講好，時薪只有一百元喔！」

你沒有聽錯，堂堂台大法律系的學生，要負責補習班的清潔、倒垃圾，時薪卻只有一百元，換作是你，你願意嗎？但我連想都沒有想，立刻回答說：「我願意！」因爲我要當的，不只是一位解題老師……

那天起，我每天晚上在補習班爲同學解題，到了晚上九點，我必須暫停手邊的解題工作，去整理補習班數百位學生留下的垃圾，那需要二十幾個最大型垃圾袋才裝得完。當我再回到解題桌時，往往已經超過下課時間，學生都得趕著回家，因此我總是解不完學生的題目。

爲了可以在很短的時間內解完學生的所有問題，我非常努力地研究所有地理考題，並加以整理，以提升解題效率。所以我的解題功力進步神速，能夠有效率地解決所有學生的問題，只是到了九點，仍然必須把學生晾在一邊，去完成倒垃圾的任務。

這樣的日子過了三個月，某天晚上我又準備把學生晾在一邊，去倒垃圾時，班主任飛快地阻止我：「今天開始，你不必去倒垃圾了，專心解題就好，垃圾請其他人處理。」我詢問原因，主任回答：「因爲很多學生家長打電話來抱怨，說他們的小孩都排不到地理解題老師，希望我們補習班改善。」這時，主任滿臉疑惑地反問：「你是怎麼辦到的？以前補習班都沒什麼學生要解地理，爲什麼你來了以後，學生卻多到要排隊呢？」我只是笑而不答。

過了半年，某次北模考試結束後，授課老師有事請假，沒辦法在課堂上解題，所有學生只能排隊來解地理，想也知道，一對一的解題必定爆滿，學生開始抱怨。但若要改成上台解題，必須要有非常充足的準備，才能精闢解析相關考試重點。班主任擔心我準備不足，緊張地問我：「你有沒有把握在沒準備的情況下上台解題？」我很認眞地回答：「我有把握。」因爲我等這一天很久了……

結果那次上台解題獲得學生很好的反應，所以我爭取到固定上台教課的機會，薪水也從每小時一百元增加到兩百五十元，變成兩倍半，也爲我的南陽街補習班老師之路打下根基。

我從懂事以後就知道，要努力抓住任何可以往上爬的標的物，任何成功機會都不會平白無故出現，必須緊緊抓住所有看似不起眼的小機會，從中學習經驗，扎根實力，並觀察及等待更大的機會來臨。

我之所以願意當板弟擦黑板、倒垃圾、爲老師買晚餐、倒水，卻只領一百元時薪，這是因爲我知道必須先爭取到當解題老師的機會，透過不斷大量解題扎根實力，有朝一日才有機會上台教課，而且我知道倒垃圾的日子不會太長，當老闆發覺我的實力後，那段日子就會結束了。道理很簡單，當你可以替老闆做更多難度更高的事，為他賺更多的錢，他沒有理由讓你去做報酬這麼低的工作，因為沒有老闆會做虧本生意。

關鍵時刻，要大膽想、出狠招

每個人都希望自己的一生風平浪靜、事事順利，不想遇到突發的危機或風險，這很符合「人性」的期望，只可惜在現實生活中，那往往是奢望罷了。人的一生會有許多關鍵時刻，必須要大膽想、出狠招，如果只想事事求安全、零風險，一定會喪失逆轉人生的重要機會，注定一事無成。

滂沱大雨下的「不可能的任務」

我大四參加研究所考試時，因爲傳統法學念得還不算差，所以已經考取許多研究所，而最後一間、也是最難考的研究所，就是交通大學科技法律研究所，它是國內最知名、整合科技及法律的專業研究所，也是我心目中的第一志願。可是，它的筆試只考一科英文，而且口試是二十分鐘的全英文口試！偏偏我最弱的科目就是英文，這讓我非常苦惱，但還是硬著頭皮報名了！

筆試當天發下兩份考卷，其中一份是英文判決申論，另一份是將近八十題選擇題，其中有十幾篇每篇都長達近一頁A4紙的閱讀測驗，但測驗時間僅有五十分鐘。這樣的考試題型，縱使給我一百分鐘也寫不完，何況是五十分鐘，所以慘烈的考試分數是可以想見的。沒想到成績公布時，竟然有同學拿到將近九十分的「外星人」分數，而我卻只拿到四十三分……

正當我失望透頂時，卻獲得第二階段的面試機會，實在讓人驚訝萬分，雖然是通過第一階段的最後一名，但至少讓我相信：「地球人」還是存在的！

爲了準備第二階段的全英文口試，我找了許多可以直接用英文交談的好朋友幫忙特訓，只見大家在訓練過程中臉色越來越沉重，我可以從他們的臉色感覺到，要考上就像是不可能的任務，更不幸的是，我自己也有這樣的感覺……

考前那個晚上，二姊夫帶我到南勢角興南夜市去買新襯衫和新皮鞋，明天的口試我得好好表現，讓教授們看到我的特訓成果。

不料口試當天，新竹竟然下起了超級大雨，其他參加口試的同學都是由家長送到考試會場。小弟我坐的是客運，巴士只到交大山腳下，必須自己再走二十分鐘的山坡路才能到達校門口。我壓根沒想到會下大雨，所以沒帶傘，只能在大雨滂沱中一路跑上山。

那天的情景實在讓人難忘，因爲我的頭髮、襯衫、褲子、鞋子，甚至連內褲也全都濕透了！所以進交大後的第一件事情，就是脫掉鞋子，把雨水倒出來，並到廁所把衣服、褲子全部脫掉，用力擰乾，更慘的是，書面備審資料也都濕了……

終於輪到我進入口試會場，雖然我很努力地表現多日來的特訓成果，但進行約兩分鐘後，教授用很平淡的口氣說：「許同學，你可以講中文了，不用這麼勉強！」聽到教授這句話，我差點腿軟！然後，教授很認真地說：「你的英文考試成績是今年通過筆試的同學中最差的，你應該知道，我們學校非常重視英文能力，那你對這件事有什麼看法和準備？」聽到這番話，我的腿就真的軟了……

出奇制勝

當下我知道自己沒有退路，必須賭一把，如果回答「進入研究所後會努力用功補習英文」，這就太八股了，鐵定槓龜！所以我說：「我的英文雖然不好，但是貴所已經有很多英文非常好的學生，再多一個也沒有特別意義，但我是一個很有特色的學生，我有把握在未來十年內，貴所會以我這位學生爲榮！」此時，我的推薦信就發揮了作用，因爲這是由一位深受敬重的資深律師所寫，她在推薦信中將我描寫得跟「台灣阿誠」（當時知名的連續劇，由陳昭榮扮演）一樣，加上我充滿自信的回答，口試教授開始對我這位全身濕透的學生感興趣。

教授接著問：「許多法學院學生在進入研究所後，都只專心準備律師和司法官的國家考試，並不熱衷學術研究，請問你也會這樣嗎？」我不假思索地回答：「不會！」教授聽到這樣的回答後笑了，因爲對大多數法學院學生而言，國家考試的重要性遠遠超過研究所學歷，所以我的回答是很虛僞的。教授帶著微笑接著問：「你爲什麼不會準備國家考試？」他是想要聽聽我怎麼「唬爛」。我用認眞肯定的語氣回答：「我進研究所後不會準備國家考試，因爲現在是四月，國家考試是八月，研究所入學時間是九月，而我在入學時就會考取律師執照，所以我不會準備國家考試！」教授懷疑地問：「你哪來的自信？就這麼有把握會考上？」教授的懷疑是正常的，因爲每年考律師的人數大約在九千人左右，其中應屆考取的人數大約是三十幾人，也就是說，機率大約是三百分之一。我很嚴肅地說：「我敢說就做得到，我一定會應屆考上律師，如果我今年沒有考上，就自動申請退學！」考試會場頓時沉靜了五秒鐘……然後就結束了我的口試。

過了一個月，我在研究所榜單上看到自己的名字，而且還是第三名，我只輸給一位台大學長和剛才說的那位超強「外星人」同學（附帶一提，那位超強的同學是當年度全國應屆律師榜首、司法官全國第二的超級外星人），我眞的考上了，終於可以進入全國最知名的科技法律研究所就讀，而在九月入學時，我也實現承諾，應屆考取律師執照，所以不需要申請退學了！

以我的筆試成績，如果只想安全通過口試，那就注定成爲悲慘的陪榜生，但我願意賭一把，願意在如此重要的關鍵時刻「大膽想、出狠招」，所以爲自己贏得了交大科法所的入學機會。想要擁有在關鍵時刻「大膽想、出狠招」的膽識及勇氣，是必須從日常的每次挑戰中，努力、突破、累積經驗後才能得到。我出社會後，這樣的思維屢屢幫助我在法庭上、談判會議上，甚至是經營決策上，作出逆轉勝的關鍵決定。

人必須要有冒險的勇氣，如果凡事都以安全爲上，不願意承受任何風險，那必定會一事無成，因爲，人生中沒有一件事是眞的沒有任何風險的！

在結果揭曉前，絕對絕對不要放棄

「辛苦這麼多天，等的就是這一戰，離冠軍只差一步，但我體力快透支了，腳好痛，我該放棄嗎？」

回想幾年前在香港，我代表台灣的律師公會參加香港百年律師節羽球賽，這是一場盛大的律師界羽球賽，選手來自北京、上海、廣東、深圳、香港、澳門及台灣，共計數百名律師參賽，比賽採取單淘汰制，賽程共計五天。

原本我以爲律師的羽球程度應該不會太強，但我錯了，正式上場時，才發現原來大陸律師界非常盛行羽球運動，全國各地的羽球俱樂部非常多，甚至有幾位律師還是跟著大陸省隊或國家隊一起培訓的！我的籤運並不好，第一場就遇到省港澳第一單打，好在我的羽球底子不算差，歷經一場惡鬥終於取勝，接下來數場戰役也都順利過關斬將，而第五天最後一場賽程，也就是男子單打的總冠軍賽，著實是場硬仗。

我的對手是來自北京的剛雷律師（眞的是本名喔！），他的球技很扎實，據說是大陸的北京市代表隊，平日都跟著國家隊一起練球。而我代表的台灣隊則是首次參賽，能夠打進總冠軍賽已跌破大家眼鏡。雖然選手們口口聲聲都說大家是同胞，但這場冠軍賽正式開打前，態勢就非常明顯，除了來自台灣的五位戰友外，其他數百位大陸律師都是替剛雷律師加油，很明顯地我們是在「客場」比賽，氣勢上先輸一大截！

比賽正式開打後，剛雷律師明顯技高一籌，再加上主場優勢，我一路被壓著打，比數始終落後，到了十九分比十四分時（當時羽球賽制採二十一分制，先取得二十一分者勝），眼看著他的賽末點就要出現，我苦無機會突破，更糟的是，我的左腳大拇趾流血了！我向裁判請求暫停，下場觀看傷勢後，發現拇趾指甲掀開，血沿著指甲縫不斷流出來，隊友問我是否要棄權？當下我考慮了一下，但還是選擇繼續奮戰，因爲「戰士就應該在戰場上光榮地戰死」！如果在這時放棄，五天來的努力就全都白費了。我代表的是台灣隊，絕不能輸，一定要贏，一定要……

經過簡單包紮後，我繼續上場。照理說戰鬥能力應比受傷前弱很多，但在榮譽心驅使下，奇蹟發生了，我開始可以防守對手所發動的攻擊，也漸漸地觀察出對方戰術的漏洞。他的分數始終停留在十九分，而我的比數卻從十四分慢慢追上。追到了十九比十九時，他奪回發球權並率先搶下賽末點，全場響起如雷的掌聲。此時，我的體力已經到了臨界點，壓力也大到快喘不過氣，但我告訴自己，比賽結果還沒有揭曉，我要冷靜，要相信自己，一定有機會，只要我堅持，一定可以逆轉勝！

在意志力支撐下，換我奪回發球權，並追平比數，二十比二十，比賽採不加分制，所以對雙方都是賽末點，全場屏息等待勝負結果。我將球發出，每一球的來回似乎特別漫長，雙方都沒有本錢失分，所以都死命地救起每一球。到最後，我利用對手一次質量不高的回球，採取跳躍殺球，球落地，得分！我獲勝了！我爲台灣隊贏得男子單打金牌，五個隊友一擁而上抱著我歡呼，但全場鴉雀無聲，因爲沒有人相信來自台灣、名不見經傳的小子，竟擊敗聞名大陸律師羽壇的剛雷律師！但這是眞的，扎扎實實地逆轉勝，贏得毫不僥倖！

我的羽球啓蒙教練——台北縣立三重高中的周西智老師，訓練時總是不斷地提醒：**「你可以輸掉一場球賽，但絕不能在結果揭曉前就放棄，在球落地前，只要你堅持，就會有無限的可能。」**在我參加衆多比賽的關鍵時刻，這句話總會浮現腦海，也陪伴我挺過許多球場中的難關，更爲我贏得多逆轉勝的回憶。

許多學生總會以平日考試或模擬考成績評估自己可能考上的學校，這是錯誤的觀念。因爲大學甄選看重的是學測成績，而學測成績還沒有出來，你卻已經自我設限，這跟放棄一場比賽是相同的道理。此時的你，與其花時間評估自己的實力，倒不如在接近考試的一天、一小時、一分鐘，爲自己多爭取機會，多背幾個單字，多算幾題數學來得更實際。

只要有任何能改變戰局的機會，縱使機會非常渺茫，絕對絕對不能放棄，在創造逆轉勝之前，一定會度過一段身心煎熬的歷程，包含體力的透支、意志力的折磨及抗壓力的挑戰，這是必經的，也是歷史上偉大英雄誕生的過程。而如果你能挺過去，逆轉勝的回憶，將令你永生難忘。

Part 2
學校沒教你的事

出社會後只有公開組比賽，不再有分齡賽

當我決定要創業開律師事務所時，便將教書和當受僱律師存下的一百萬元當作創業準備金，然而，開業數月間幾乎沒有案件上門。讓我不解的是，以前在事務所看老闆每天都在收案件，案源似乎會自動上門，為何同樣開事務所，我就沒有案源呢？我明明是台大法律系畢業，應屆考取律師執照，在同儕間是屬於「優秀」的族群，為何就沒有當事人願意把案件交給我辦呢？經過半年，快要彈盡糧絕之際，我終於懂了！

原來我自認的「優秀」是指在同年齡層律師而言，但律師界有無數資深律師，資歷比我多五年、十年，甚至是二、三十年，當事人一輩子可能只遇到一件官司，特別是刑事案件，輸掉官司可不是賠錢了事就算了，處

理不好就會被抓去關，所以怎麼可能選我這個菜鳥律師呢？

我從未遇到這種窘境。從小我的表現在同齡小孩間一向突出，一直以爲自己很「優秀」，但現在我才明白，原來我的優秀只適用於分齡賽，出社會後只有公開組的職業賽。而在職業賽中，我毫無疑問只是一個菜鳥律師，遇上沒有案源的窘境一點都不冤枉。

鎖定〇．一%，以差異化決勝負！

懂歸懂，但窘境迫切依然，事務所每天一開門就需要支出，一百萬準備金就快要燒完了，我苦思出路，日也想、夜也想，幾乎每晚都徹夜難眠，就在快想破頭的瞬間，「差異化」三個字躍入腦海！

律師的案源有許多種類，民事、刑事、行政訴訟三大類下又各自分出許多細項，諸如土地、車禍、家事、內線交易、專利、商標、著作權等，一般律師包山包海，各種案型都接，我在開業初期便也有樣學樣，這正是我所犯的錯誤。因爲我的年資太淺，若什麼案型都接，最後客源一定都被資深律師搶走。

菜鳥律師要擊敗資深律師的唯一機會就是「差異化」。假設菜鳥律師的實力是一百公斤重，資深律師的實力就可能是一千公斤重，同樣在一百平方公分上平均分配，菜鳥律師每平方公分的壓力只有一公斤重，但資深律師卻有十公斤重，我無法超越他們。但若我縮小面積，將一百公斤重量集中分配到零點一平方公分上，則每平方公分所產生的壓力就可達一千公斤重！這便是「競爭力」！也是我唯一的存活機會！

我明白我必須割捨九九．九%的市場，專注於〇．一%的案件類型，事務所才能找到一線生機，但〇．一%的市場在哪裡？經過一番研究，我發現台灣具有保險專業的律師幾乎都受聘於保險公司，爲消費者發聲的保險律師極爲罕見，我猜想應該是經濟利益過低的緣故，但敏銳的直覺告訴我，只要是對的事就要去做，也許短時間內會很辛苦，但我相信：只要堅持下去，老天總會關照我的！

因此，我挑選最喜歡的保險類案件，將重心放在「消費者的保險理賠案件」，工作內容是代消費者向保險公司爭取應得的保險理賠金。每當我完成一個案件，幫助一個發生風險事故的家庭，就像完成一件功德，還可使保險功能得以確實發揮，這種案件讓我做得很開心，晚上睡得特別好，飯都可以多吃好幾碗，眞所謂「吃得下、睡得著」。

有趣的事情發生了，我集中火力研究這類型的案件，加上正遠保險經紀人董事長朱水源先生的栽培和支持，我逐漸在保險業界嶄露頭角，短短三年內先後擔任金管會保險局、財團法人保險事業發展中心、保險行銷集團及MDRT協會等保險界重量級機關單位的專業講師，名氣漸增，案源也漸漸穩定，我的事務所在衆多貴人和夥伴的協助下活下來了！在幫助衆多家庭後，我也賺到錢了！眞的如台達電董事長鄭崇華先生所說的：「**對社會有益的事，一定能賺錢。**」

震撼教育是菜鳥必經之路

許多高學歷的學生初出社會時，總惦記著在校時老師的讚美和同學的崇拜，因此對自己不再「優秀」的事實感到很不適應。進入職場後，讚美和崇拜都消失不見了，取而代之的是在工作上被挑剔、做錯事被老闆當衆怒罵，甚至被裁員的窘境。

其實這一點都不奇怪，職場如賽事，在球場上青少年組分齡賽中表現突出的選手，進入公開組的職業賽後，必定會經歷被「電」的過程，若撐不過這場震撼教育，不能適應沒有掌聲只有噓聲、抱怨、挑剔及怒罵的日子，那將會被社會無情地淘汰，只能回家看著學生時代的獎狀及成績單自我安慰，沒有人會因你的消失而感到惋惜，因爲在社會這場大聯盟賽事中，你只是一個不起眼、沒沒無聞的選手。

任何一位偉大的職業選手，都會經歷菜鳥球季與被資深前輩狂電的經驗，但他們的偉大，就在於能挺得過難關，並且透過不斷努力、堅持、忍受煎熬、突破自己，然後在數個、甚至十幾個球季後逐漸成名，締造偉大的紀錄。

要在學校裡成爲優秀學生，只要努力把書念好就行了，但在社會的職業賽裡，要成爲偉大的運動員，甚至進入名人堂，只有把事做好是不夠的，還需具備非常多的條件，包括團隊組織管理能力、人脈經營、圓融處事、腳踏實地、心存善念、厚道待人等。**當你認清出社會後只有公開組的比賽，不再有分齡賽，你所遭遇的一切不舒服、痛苦，都是再正常不過了，你不需抱怨，只能選擇挺過，用實力和毅力證明自己在公開組的職業賽中仍然可獲得亮眼的成績！**

超齡學習法

許多學生常問，要如何像我一樣年紀輕輕就買下自己的房子，賺到令一般人羨慕的收入，甚至擁有自己的律師事務所？

雖然我認為自己的事業還在「跑道上」的起步階段，連「起飛」都稱不上，但既然學生對於我如何從「停機坪」到「跑道上」的過程有興趣，那我就來談談這個過程中的小小經驗。

等到老，就「有機會」成功？

關於如何成功、如何賺到錢等這類問題，許多事業有成的人，或者是相關領域的前輩，都會告訴年輕後輩：「不要急，慢慢來，只要持續不斷地努力，時間一久，到了四十幾歲，成功就會是你的。」所以台語有句諺語：「戲棚下站久了就是你的。」

我認爲這樣的回答是不能滿足學生的，就連同樣身爲年輕人的我也不喜歡這樣的答案，因爲我就是著急，就是想要進步、想要成功，我願意付出加倍的努力，爲什麼還要慢慢等？對於一個不到二十歲的年輕人，你要他等上二十年，到四十幾歲才能享受努力的成果。我認爲這樣的時間週期太長了，對他而言就是目前的「一輩子」！

我能理解學生的想法，所以不喜歡給他們過於八股的回答。以我自身的經驗，我認爲當一個人想要追逐成功的時候，只要方法和觀念正確，這樣的心情一定要被鼓勵，不需要被壓抑，更不需要讓學生等上一輩子。例如一個學生想考台大，你總不能跟他說慢慢來，考個三年再說吧！既然考試不能等，那爲什麼事業的成功就要漫無方向地等？有些事情是不能等的，是要著急的，是要奮力追求的！

剛出社會當律師時，我常常請教許多前輩如何可以在最短的時間內成爲一位優秀的律師。他們給我的答案也是一樣，就是需要時間，急不得，繼續努力，時間一久，隨著實務經驗的增加，就會成爲一位有經驗的律師，就可以賺到錢。因爲每個人都這麼說，所以這個答案似乎就是牢不可破的「眞理」。

始終對眞理抱持質疑的我，是不可能滿足於這種答案的。因爲按照這樣的「眞理」，我必須要努力二、三十年，等到我老的時候才「有機會」成功。爲什麼講「有機會」而不是「一定」呢？因爲沒有人可以保證這樣慢慢等下去就一定會成功，所以當你努力數十年後，最後可能什麼都不是！

我認爲上述「眞理」過於消極，或者應該說不夠清楚。其實年輕人有的就是體力、衝勁、新科技、新知識，所以在現代社會裡更應該善用這樣的優勢，突破競爭重圍，追上前浪。

爆量學習，縮短成功時程

在我剛出道當律師時，便不斷努力突破這樣的「眞理」，因爲我不想等到老的時候才有機會成功。最後我發現了一個重要的「道理」，一個更積極的「道理」。我發現，其實一個人的成功需要非常多條件，包含專業能力、人脈經營、心理素質及價值觀等，其中專業能力是成功的基礎，而專業能力就是許多前輩所說的，需要隨著時間慢慢增加、進步的。

仔細解構所謂的專業能力，其實分成兩大部分，包含「知識」和「經驗」。其中關於經驗，我可以認同前面所談的「眞理」，它眞的是急不來的，實務經驗必須要透過許多的事件、閱歷、試煉，才能在每個機會中去觀察、體會、吸收的。

但知識的構成，絕大多是透過閱讀而來，透過大量的閱讀，可以迅速增加專業知識，特別在網際網路發達的時代，資訊知識的獲得非常便利，只要你夠拚、夠用心，就能夠獲得爆量的知識成長。重要的是，知識方面的進步是幾乎可以透過自行進修的方式達成的，所以我認爲，對於知識的追求和進步，是完全不能等、也不應該等的，應該像餓鬼般飢渴！

此外，如果你的知識夠多、夠深、夠廣，在處理工作上的突發事件就會更有把握，所以對於經驗的吸收速度、程度也將會大幅超越其他人，也就是說，透過這樣的模式，你可以大幅縮短「眞理」所設定的時程，對於成功的可能性也就更有把握了。

我稱這樣的「道理」為「超齡學習法」。

因爲這樣的解構，讓我不再消極等待，讓我不再只是規律上下班，期待在數十年後「有機會」成功。我開始利用所有時間大量閱讀最新的實務見解、最新的期刊論文，藉著年輕人獨有的資訊取得能力，以及我在法律知識的努力，在短短幾年內有了大幅度的進步，甚至超越某些在實務工作一、二十年的前輩。然後憑藉大量法律知識，在辦理每個案件的過程中能夠掌握、使用最新的修法及法院實務見解，對於每個案件的「經驗」觀察、學習、吸收的程度也遠高於同輩。

也許超齡學習法不是什麼特別獨到的想法，但卻是很重要的觀念，因爲如果社會新鮮人只接受前述所謂的「眞理」，那大家就只會乖乖地規律上班，欠缺積極、爆發力、鬥志。當遇到經驗學習的機會時，也可能因爲知識薄弱，而在經驗的吸收上顯得不足，進而影響專業能力的養成效果和時程。

這樣的「眞理」，經過錯誤解讀後，讓許多大學生認爲應該擁有「健全」的大學生活，所以不應該急著打工，不用念這麼多書，至於工作的事等畢業以後再說吧，反正成功離我這麼遙遠，慢慢來就好！導致我最近面試新人時常常遇到經濟系畢業的不懂經濟、法律系畢業的不懂法律等怪異現象。

我時常鼓勵和要求我的學生：**「知識的爆量學習」應該從學生時代就開始，特別是大學時期，而不是等到出社會後才進行，否則實在是太慢了，足足慢了四年，將會根本性地欠缺競爭力。**

其實，「眞理」所謂的「慢慢來」，指的是年輕人初出社會時應該從基層做起，從根本學起，一步一步踏實地往上爬，不應該急著想成功賺大錢。但因爲解釋這件事的人，往往沒有仔細解構「專業能力」的內部構造（就是分別看待「知識」與「經驗」），所以當錯誤解讀後，就導致年輕人如此消極的學習態度。

因此，我才不敢說「超齡學習法」是「眞理」，而是一種「道理」，一種正確解讀「眞理」的「道理」。

雖然我的事業還有很大的努力空間，但從某個層面來說，我已經利用「超齡學習法」縮短所謂「眞理」的時程限制，成功創業，擁有自己的事務所，讓事務所的夥伴們都有飯吃。

所以，每當學生問到我如何在社會叢林裡獲得目前的成績，我從不給他們「慢慢等」的答案。我會直接講述「超齡學習法」的內容，鼓勵他們從今天起超進度、超齡、爆量地吸收知識，成爲最有侵略性的「後浪」！

你敢吃貓肉嗎？

我的事務所曾有一位還在試用期的助理，平常表現都還不錯。有一天，我在開會中交代，由她針對某個法律問題，研究整理相關判決見解後，並在下一次會議上台報告，沒想到她竟然在會中公開拒絕了這份工作。

這讓我十分驚訝，於是詢問她原因。她說：「我從小就對上台演講有很深的恐懼，一上台就會緊張到說不出話，所以我沒辦法接受這份工作。」經過我反覆說明溝通後，她還是堅持拒絕這個工作。最後，她很認眞且眼眶含淚地問了我一個問題：「許律師，你敢吃貓肉嗎？」這個問題讓我頓時摸不著頭緒，隨口回答：「不敢。」她滴下淚珠後說：「這個工作的指派，就像是強迫你吃貓肉一樣！」我當下十分不忍，覺得似乎還「頗有一點道理」，所以後來我就沒有強迫她接受這份工作。

過了幾天，由於事務所的需求，我將她調往另一個單位協助，而她竟然又再一次拒絕了我所指派的工作，這次的理由是她害怕適應新環境。然而當我說：「妳還在試用期，本來就是還在適應新環境，所以這次的理由我不接受。」此時她又含淚提出了「吃貓肉理論」！頓時又讓我心軟了，但這次我心中卻充滿了疑惑。

當天下班回家後，我反覆思考這個問題。雖然她不敢吃貓肉，但是如果我們團隊的工作卻是必須吃貓肉呢？身爲一個團隊領導者的我，應該如何處理這個問題呢？我後來想通了，如果這個工作對於團隊是必須的，那我將不可逃避地面對它。此外，如果我接受了這位員工拒絕吃貓肉的理論，此例一開，那以後所有人都以此爲由而含淚拒絕工作的指派，豈不天下大亂！未來可能就會出現很多人說不敢吃貓肉、狗肉、牛肉，甚至直接說他「吃素」！基於團隊軍紀及「人道」考量，我決定找一個「敢吃貓肉的人」！所以，隔天我只好請她離職。

年輕人在剛出社會時，因爲缺乏社會歷練及職場工作訓練，遭遇許多困難和挑戰是很正常的。迎接挑戰本來就是一件很辛苦的事，必須要強迫自己改變、遠離舒適圈，讓自己不再能隨性接受工作或逃避任務，以及必須直接面對上司不留情面的指正。

出社會後，本來就有太多讓你感到不舒適的工作，但這些都是不可避免的！不然老闆花錢請你做什麼？難道你以爲還可以像在家裡一樣當少爺或小姐嗎？所謂「輕鬆工作，快樂玩耍」的態度是不可取的！要記得，沒有任何工作是輕鬆的，不然只是在玩耍，在玩辦家家酒！

其實，任何工作任務的指派，背後都有老闆一定的用意在。只要那個工作不是違背善良風俗，年輕人就不應該拒絕！此外，從領導者的角度來講，如果工作指派可以被隨便拒絕，那他如何指揮軍隊作戰？軍紀不彰，每戰必敗，嚴重的話將可能使團隊全軍覆沒。古代所謂「軍令如山」「違抗軍令者，斬！」，就是這個道理！

因此，當你在職場拒絕老闆指派的工作時，就一定要有離職的心理準備。如果你輕易拒絕工作的心態不改，或在工作上稍有不愉快就抱怨連連，那你就會不斷地換工作，所以老前輩常說現在的年輕人是一年換二十四個老闆！

這也讓我特別想念以前那種台灣人勤奮努力、苦幹實幹的情景，對於工作挑戰的態度是感恩，是全力以赴，是愛拚才會贏的精神。我在職場上競爭的基本條件，就是做一個很「傳統」的台灣人！

當然，站在工作者的立場，你當然有權利選擇一個讓你在工作上處處感到舒適、願意陪你玩耍的老闆，但我以自己的經驗告訴你：「你想太多了！」**下次請記得，不要再輕易地拒絕老闆指派的工作，更不要找一些似是而非的歪理來搪塞，因為他會在人力市場中找到下一個「敢吃貓肉的勇士」，而且我相信，他一定找得到！**

享受鐵腿

當遇到「鐵腿」狀態時，你有兩個選擇，第一，休息一個星期；第二，繼續訓練一個星期，兩者都可以在一個星期後，使肌肉不再感到疲勞，使「鐵腿」狀態解除，但後者可以使肌肉強度往上提升一個層次，前者卻只能使肌肉恢復到完全沒有訓練的狀態。人在念書或工作時也是相同的道理，當遇到高一層級的挑戰時，如果能把「苦」吃下，咬牙撐過去，就能使自身的能力提升到下一階段，但如果苟且退縮，就只能回到原點，永遠難以進步。

每次陪朋友去打羽毛球，隔天他們通常都會抱怨手臂、肩膀和腳很痠痛，變成「鐵手」和「鐵腿」了。這時我都會鼓勵他們繼續打下去，這樣就會變強，但鮮少人選擇忍著肌肉痠痛繼續打，我也不會勉強他們，畢竟他們不是職業選手。但是，這讓我回憶起當選手的日子。

記得當我還是羽球選手的時候，肌肉痠痛是家常便飯，特訓期幾乎每天都是處於「鐵腿」「鐵手」「鐵腰」狀態，只差沒有變成「鋼鐵人」！但我知道，每當鐵腿狀態發生時，就是我的肌肉強度提升的重要階段，一定要咬牙撐過去，才能變得更強。

在選手訓練的過程中，如果訓練強度超越選手原有的負荷能力時，就會在隔天產生肌肉痠痛的現象，就是俗稱的「鐵腿」，這時如果選擇讓肌肉休息，經過一個星期就不再痠痛，但之前的努力就會前功盡棄，因爲你的肌肉只是回歸原來的強度，沒有任何進步。相反地，如果此時選擇咬緊牙關，努力撐過去（當然，必須要在不受到運動傷害的前提下），經過一個星期後，肌肉也不再痠痛，但之前訓練的努力和咬牙苦撐的痛苦都將會轉化成強化的肌肉，肌肉的強度將會大幅提升，在下次訓練時，所能承受的訓練負荷能力將今非昔比，可以跑更長的距離、衝刺更多趟短跑、承受更重的重量等，簡單說，你變得更強了！

許多朋友接受全新的工作任務時，一開始常常充滿挑戰成功的信心，但在實際進行任務時，才發現原來超越自己這麼痛苦，不但身心俱疲，沒日沒夜的工作更是家常便飯！這時，有些朋友會因爲再也受不了磨練，開始後悔自己爲何接下這麼辛苦的工作，在說服自己應該早點下班回家看電視休息後，選擇中途放棄任務，使之前的磨練和辛苦都付諸流水，對於這類超越自己原有負荷能力的工作任務心生畏懼，不再有勇氣挑戰，然後讓自己的能力回歸原點，除了學會退縮，沒有任何進步。

相對地，如果你在此時鞭策自己、要求自己、用盡吃奶的力氣撐下去，再累、再辛苦都不放棄，就像跑五千公尺時，已經跑到了四千公尺，這個時候很痛苦、很喘、很想吐，但絕對絕對不能放棄，因爲一旦放棄就什麼都沒了，爲了變得更強，一定要撐下去。當你用盡所有潛能，突破自我極限，達到終點後，你一定會大叫：「天殺的！我終於跑完了，我贏了！我是眞正的戰士！」沒錯！你是眞正的戰士，你變得更強了！未來你可以承受負荷的能力更大，面對挑戰沒有畏懼，而是享受痛苦的過程，忍受一切艱難，只因爲你知道這樣可以變得更強，你的身心都有極大的突破！

當然，每個人都可以有自己的選擇。你可以在鐵腿時選擇讓自己好好休息，回家泡熱水澡，做SPA按摩，然後在下次運動時盡量避免鐵腿；但你也可以選擇讓自己繼續在大太陽底下濕透衣服，忍受肌肉痠痛，繼續練下去、跑下去、苦下去，使自己成爲眞正的戰士！而你的選擇，就是勝敗的關鍵。各位朋友，如果你眞的想挑戰自己的極限，請從今天開始，盡情享受鐵腿的過程吧！

天呀！我上到女廁了！

我高中時因爲總是名列前茅，又是羽球代表隊的隊長，所以在校內是所謂的「風雲人物」（雖然現在想起來，風雲人物的稱號有些幼稚，但至少也是小時候的一種回憶啦！），所以大家都認識我。有一天，小弟我上課上到一半，因爲急著拉肚子，立刻在報告老師後，以跑百米的速度從教室衝到廁所去尋求解脫。好加在！終於趕上了……

就在我爲自己及時解脫感到鬆了口氣時，不幸的一刻來臨了！下課鐘響了，正巧碰上打掃時間，廁所裡湧進了負責打掃的同學，我從對話聲發現這群人全部都是女的，此時我已經有不好的預感……果然沒錯，我上到女廁了！

當下我慌了，如果我這時出去，會不會被當作變態或偷窺狂？這件事應該會馬上傳遍全校吧？到時候所有人會用什麼眼神看我？我的名聲會不會毀於一旦？天呀！我怎麼這麼衰？此時，擔心丟臉的恐懼油然而生，並且因爲背負著「風雲人物」的稱號，所以恐懼不斷地放大！我該出去嗎？還是繼續躲在裡面？正當我還在思考要面對還是逃避時，急促的敲門聲打斷了我的思緒。「裡面有人嗎？」門外的女同學問。「咦？我發現裡面的鞋子是男生耶！該不是會變態吧？」另一名女同學發出了驚叫聲。「裡面的人快出來，不然我們要潑水了喔！」此時所有女同學齊聲叫道。

這時我心裡想：「伸頭一刀，縮頭也是一刀」，管他的，放膽出去吧！我把門推開，認眞地、誠懇地、帶點哀求的眼神向大家說明：「我眞的是因爲很急，所以沒有看清楚男廁或女廁，眞的很不好意思。」此時，所有女同學驚訝地看著眼前這位滿臉脹紅的「風雲人物」，互望幾眼後，一起在接下來的三分鐘只做一件事，那就是捧腹大笑。笑聲越大，我的臉就越紅。在大家笑我笑飽、虧我虧飽以後，就放我離開了，讓我免去被潑水的災難，也免去被移送訓導處的法辦程序。更有趣的是，這件事情的後續發展出乎我的意料，全校同學並沒有太大的不良反應，頂多是見到我時輕輕地虧了一下。這個時候我才明白，**原來只要真誠地面對、處理恐懼，其實結果真的沒有我想像的那麼嚴重**。

我們從小到大都會做錯許多事情，包含考試、比賽、職場工作、創業等，伴隨著錯誤而來的，就是在決定是否面對時所產生難以了解、掌控的「恐懼」。一般人在面臨恐懼的當下很少選擇第一時間面對，通常會猶豫不決，但猶豫、擔心的時間越久，錯誤造成的傷害影響層面就會越廣，恐懼就會不斷的被放大，甚至到最後形成難以承受的巨大壓力，此時，就容易喪失面對的勇氣，而選擇逃避。

爲什麼一般人會沒有在第一時間面對錯誤，進而使恐懼不斷被放大呢？探究其原因就會發現，恐懼的原因來自人們害怕面對因錯誤產生的不良後果，加上恐懼是一種無形的心理狀態，基於人心的脆弱，就會不斷地將恐懼放大。其實，只要大家認眞思考一個問題：這些不良的後果發生了嗎？所有可能的不良後果都會一起發生嗎？答案顯然是否定的！

如果叫大家完全不要恐懼，那是不可能的，我自己也做不到，因爲錯誤造成的不良後果確實存在，面對的傷害也是不可避免。雖然「勇者無懼」這句話我們從小聽到大，但勇者在面對錯誤時眞的無懼嗎？其實不然，勇者也是有恐懼的，只是他面臨錯誤的第一反應是絕不逃避地面對，使恐懼降到最低，將所有注意力放在處理實際發生的後果，往往可以獲得妥善的處理結果，造就「勇者無懼」的形象。

因此，如果我們在犯錯時，可以在第一時間選擇面對，固然無法完全排除恐懼，但卻可以使恐懼不再被放大，將其控制在自己可以承受的範圍內，將恐懼轉換成戰鬥力，專心面對實際發生的狀況，使錯誤造成的傷害降到最低。既然無法眞正地逃避面對錯誤的恐懼，那就選擇第一時間面對吧！在眞誠面對後，你就會發現，結果眞的沒有你想的那麼可怕。

要成為英雄，必須先學會戰勝畏懼

很多學生總覺得我是一個無比堅強、對於任何事情都不會有絲毫恐懼，勇氣十足的人。其實這樣的想法不盡然正確，或許應該說大家看到的只是結果，而不是完整的過程。在我內心深處其實是一直存在著畏懼的……

許多成功人士在談論成功經歷時總喜歡吹噓自己，將自己神格化，好像他面對任何難關都不曾感到一絲一毫的畏懼，對於任何挑戰都不曾有過退縮的想法。我認為這是誇大其詞，也容易給年輕學子錯誤的印象，會讓他們以為只要自己容易緊張、恐懼，就跟所謂的成功距離很遙遠，無緣成為所謂的優秀人才、成功人士。

五碼推桿的故事

我聽過一個故事：有位事業有成的企業家某天和他的高爾夫球教練打球，突然間賭性一來，便和教練打賭，由教練來推一個約五碼的短推桿，賭金為十塊美金。教練一轉眼就輕鬆地把小白球推了進去，賺到了十塊。然後企業家將賭金提高到一百塊。教練花了約五秒瞄準後，就很輕鬆地打進去，又賺到一百塊美金。接著，企業家又將賭金提高到一千塊。教練認為反正都是五碼，這麼簡單，雖然賭金比較高，還是可以拚一下，但這次教練瞄了比較久，才專注地把小白球推了出去，小白球還在洞口晃了晃，害教練大大緊張了一下，但還是賺到了這一千塊錢。

最後，企業家跟教練說：「三把你都贏了，那我們玩最後一把，同樣是五碼推桿，但這次的賭金是一百萬元美金。」教練嚇了一大跳，說：「你確定？這樣的數字，我可是一輩子都賺不到耶！跟你拚了！」教練拿起球桿，專注地瞄準洞口，他冷汗直流，球一直推不出去……最後，他說：「我放棄，我眞的推不出去。」這時，企業家一派輕鬆地拿起球桿，瞄了大約五秒後，就把小白球推了進去。然後跟教練說：「現在你知道，爲什麼你是教練，而我是老闆了吧？」

我在每個演講場合都會講到這個故事，這個故事所帶來的啓發太大了。明明是相同的客觀條件，都是五碼的推桿，對一般人來說都是很簡單的事，更何況是職業教練，爲什麼會推不進去呢？其實什麼條件都沒有改變，只有一個東西變了，那就是「心」！人的心理素質的強弱在這時就會展現無遺。教練之所以推不進去，並非他欠缺實力，而是因爲他無法戰勝內心的「恐懼」，或者應該說，也許他這輩子從沒有在如此大的壓力環境下進行這麼簡單的五碼推桿，所以他無法突破心魔，最後退縮放棄了！相對地，企業家無論在財力、人生閱歷上都遠高於教練，所以雖然技術層面不及教練，但卻可以很輕鬆地突破這個挑戰。

其實在老闆的內心裡並非從沒有出現過恐懼，只是因爲他見過的大風大浪太多了，相較於這些風浪，與高爾夫球教練的小賭就只是a piece of cake（意指小事一樁）！心中所產生的恐懼，可能只需要五秒就可以調適過來，但對教練而言，畏懼的壓力卻已經壓得他喘不過氣，進而放棄。可見恐懼隨時都有，只是在不同人、不同條件、不同事件下，會有不同程度的呈現。

突破心魔，才能贏得勝利

許多學生很羨慕我可以在講台上輕鬆自在、談笑風生地演講，其實，記得我第一次參加演講比賽時，上台前真的非常緊張，緊張到好想找藉口逃離現場，但一看到老師的嚴厲眼神，還是硬著頭皮上了！我的雙腳因為緊張而抖到不行，還好有個講台可以遮住，不然可能會尿褲子了！最後不知道為什麼，我竟然獲得了第一名！

後來，我以全校第一名的資格參加三重市的演講比賽。上台前還是很緊張，但此時已有過之前的經驗，我控制恐懼感的能力比較好了，上台後雙腳不會再發抖，演講過程也很順利，所以取得第二名的佳績，並代表三重市參加台北縣的演講比賽。

到了台北縣的演講比賽，因爲這場比賽的對手與以往不同，每個參賽者都是來自台北縣各校第一名、各鄉鎮市前兩名的高手，而且我代表的不只是我個人，還有我們學校和全三重市的榮譽，責任越大，壓力也就越大。上台前眞的很緊張，壓力大到氣都快喘不過來，因爲我不能有任何的失誤，只要一個失誤，就會失去奪牌的機會！可是，有了以往的比賽經驗和無數次的練習和訓練，我對自己的能力很有自信，我相信只要不退縮，勇敢站上去，就贏了一大半，我相信我自己一定可以克服內心的恐懼！果然，在我高度專注、努力撐到最後一刻後，獲得了全台北縣銀牌的佳績！我又再一次戰勝了我自己！

從那次大賽後，我面對往後的演講大多能輕鬆自在地享受過程，在經過數百場的演講後，經驗、膽識都已不同以往，縱使遇到數千名觀衆的大型演講場合，我也可以順利克服心頭的恐懼，於是現在學生才會看到我在台上表現的成果。

只要是人，就不可能沒有恐懼，不可能在面對任何事情時都沒有畏懼，都不曾閃過逃避的念頭。如果有人跟你說他從來沒有畏懼過，那你聽聽就好，因爲要嘛他的腦袋有問題，要嘛他就是唬爛的！

古代梟雄在逐鹿中原、帶領百萬大軍對陣時，雙方都知道開打後可能死傷慘重，沒人可以保證自己能見到明天的太陽，勝利者只會有一方，不是你死就是我亡！領導者因爲知道事情的嚴重性，所以必然心生畏懼。但他們知道自己沒有退路，只要退卻，必將軍心渙散，甚至全軍覆沒！既然不能逃，那就拿命一搏吧！雖然勝利者還是只有一方，但在此時，他們都已經克服了畏懼，都會是歷史上的梟雄！可見畏懼是每個人都會有的，但眞正的強人在面對畏懼時的態度、處理方法，都會異於常人，當他們戰勝自己的心魔時，就可以成就歷史功業，成爲不朽的英雄。

「要成為英雄，必須要先學會戰勝畏懼！」當你面對挑戰心生畏懼時，代表你必然有因爲勝敗而可能獲得或失去些什麼，別擔心，這是正常的，因爲你知道勝敗的利害關係、對於勝敗有責任心、榮譽心，所以產生恐懼，但此時只要能靜下心來感受恐懼，進而戰勝自己的畏懼，你就是不折不扣的英雄！透過無數次的戰役試煉，你的心將會逐漸堅固、牢不可破，到那時，你就是擁有強大力量的強人，因爲「**心的強大，才是真正的強大**」！

記住，五碼推桿永遠是五碼推桿，什麼都沒變，變的是你的心。只要認清這個真相，你一定可以突破心魔，度過難關，贏得勝利。

高學歷的致命弱點

某天，我和一位大學時代的好朋友在台北東區喝咖啡。他是台大財金系的高材生，大學成績非常好，連得七次書卷獎，畢業後順利進入知名投資機構上班，享有令人稱羨的待遇，一切看似一帆風順，直到他當上主管後，似乎就全都變調了。

當公司宣布他升上主管時，他帶著滿腔熱血和抱負走馬上任，帶領二十幾位投資專家進行國際間的投資征戰。公司對於他擔任主管有高度期待，希望他展現領導力，爲公司創造更高的績效。可惜事與願違，朋友在擔任主管的過程很不順利，團隊的投資績效大不如前，甚至出現大幅虧損，公司爲避免損失擴大，便將他調離主管職。

這件事情對朋友的打擊很大，基於兄弟的情誼，我當然要陪他聊聊天，喝咖啡解解悶。

我問：「你覺得爲什麼投資團隊的績效會變差，是因爲國際性的金融風暴嗎？」

他回答：「沒有，國際間的市場正在走多，所以市場沒有問題。」

「那你覺得問題在哪？」

「還不是那些豬！很不配合，能力差不要緊，又很會偷懶，難怪這麼多年都成不了大器。」

「他們以前的績效不是都不錯嗎？爲什麼你接了以後才變差？你有想過爲什麼嗎？」

「我也搞不懂，但他們的能力眞的很差，所以我必須自己跳下來幫他們收拾殘局，害我每天都第一個進辦公室，最後才能離開。」

「你有試著跟他們溝通嗎？」

「溝通個屁！怎麼溝通？他們的程度這麼差，都不知道他們大學在念什麼書，這樣的能力也可以當分析師？」

「所以你就把他們的工作全部攬在自己身上做？」

「對啊，不然能怎麼辦呢？要是我有人事權，早就把他們全部開除了！」

「那你有能力消化分析全球所有投資資訊嗎？老闆把團隊交給你，是希望你一個人做完全部的事情嗎？你有檢討過自己的問題嗎？」

他終於安靜下來……

聽完朋友一連串的抱怨後，我終於知道問題其實不是出在市場、不是出在團隊，而是他自己，要改善績效的唯一方法就是把他撤職，他的老闆做了一個很明智的決定！

高學歷的人往往難以融入團隊

傳統的學校教育下，同學間的競爭基礎太過單純，僅以考試成績分高下，成績好的學生在學校獲得高度評價和優越感，並深信可以靠自己解決一切問題。可惜的是，這樣的優越感是有瑕疵的，因爲考試這檔事只要自己個人的努力就行了，跟團隊合作基本上沒有太大關連性，更談不上領導能力的訓練。

擁有高學歷的人，在職場上常會產生過於自我中心的思考，不善於重視他人感覺、欣賞他人優點、組織運用他人專長，也很難放下身段請求別人的協助。反倒是學歷較低的學生，出社會後因爲沒有優越感包袱，身段柔軟、配合度高、又可容忍夥伴缺點、欣賞夥伴優點，往往有更出色的表現。

我對高學歷的學生沒有偏見，上述的看法只是我實際觀察的經驗，也是我個人經歷過的盲點和困境。

在我剛創業的時候，恃才傲物的氣質非常明顯，常常覺得員工不認眞、能力太差、做事不夠細心……當員工不能如期完成我交辦的任務時，我常沒有耐心教導他們學習成長，而直接將工作攬在自己身上，然後不斷抱怨，不斷檢討員工的問題，嚴格要求他們改善。但團隊工作效率並未因我日以繼夜辛勤工作而有改善，反而每況愈下，我始終認為老闆應該是公司最強的人，但這種觀念是錯誤的，於是我開始檢討自己，才慢慢解決問題。

領導者要把自己做小，團隊做大

經過一番慘痛教訓後，我才發現，領導者的工作不是凡事強出頭，而是相信團隊成員，並專注在組織運作團隊成員擁有的不同能力，使其產生化學變化，讓團隊績效獲得爆炸性進步。能妥適地組織運作團隊成員的能力，領導者必須先讓自己退居幕後，不再以自我為中心，用心觀察成員的優缺點，給予表現機會，讓每個成員相信他們自己就是英雄。

領導者要像教練一樣，在賽前給予球員嚴格的訓練，當球員遇到困難和挫折時則給予安慰和教導；在作戰過程中，決定在哪場戰役派出何種先發陣容，並隨著戰情發展即時更換替補球員；當球隊獲勝時，與球員分享勝利的喜悅，戰敗時，與球員共同面對檢討，以期在下一場戰役中扳回一城。

簡單講，**領導者要把自己做小，團隊做大，要專注做一個稱職的教練，讓成員出頭，並成為明星球員**。當你的球隊擁有眾多明星球員後，必然可以獲得亮眼戰績，所以當你的員工都是明星員工，你的公司就會賺取可觀的報酬。

潤泰集團總裁尹衍樑先生說過：「**總裁無能便是德**。」可見領導者要做的不是全能的人，而是專注在領導能力上的訓練和培養，不輕易干涉員工執行的任務，要選擇相信員工，讓員工盡情發揮。

成功者絕對不是那些能抵擋千軍萬馬的英雄，而是能指揮這些英雄去對抗千軍萬馬的那位領袖。

領導就從利他開始

從小我就不是很會在上課抄筆記的學生，總是來不及記下老師所講的重點。這個缺點在高中時還不算嚴重，因爲老師會把上課重點寫在黑板上，但到了大學，問題就變得很大條！

建立筆記平台，互惠互利

台大法學院的老師都是學問淵博的法學博士，還有多位大法官，他們上課時只帶一本法典，有的甚至連法典都不用帶，法學功力已經到了出神入化的地步，要看到他們在黑板上寫筆記的機會微乎其微。這可苦了我，因爲我根本沒辦法邊聽講邊抄筆記，我的課堂筆記根本無法應付期末考試，於是每到期末，只好使出「殺手鐧」，也就是向同學借筆記。

平常我對同學的請託幾乎從不拒絕，包括「順路」接送來往法學院與總校區、夏天口渴幫忙買飲料、充當同學的搬家工，甚至女同學腳受傷時，還會展現猛男特色揹她們往返教室和宿舍。也許因爲平常有燒香，期末考試就有保佑，我在學期末向同學商借筆記時，同學通常不會拒絕。

我自知抄筆記功力很遜，經過觀察，我發現女同學筆記能力非常強，有些人更達「逐字稿」境界！所以我在期末總會向那幾位具有「特異功能」的女同學借筆記。爲充實筆記內容，我會和借我筆記的好心人商量，爭取授權我把筆記借給其他需要的同學。當我取得授權後，我會拿這份筆記去跟另一位筆記女王交換，用一份換一份，取得兩份筆記後，再拿去跟第三個、第四個、第五個同學交換，當我換到五份筆記時，跟我交換的五位同學也都各自取得五份高水準的筆記，這樣一來，我們六個人擁有的筆記就會非常完整。

同學們慢慢獲知此模式後，一到期末便會主動把筆記交給我處理，就這樣，我成了「筆記交換中心」，當其他記筆記能力跟我一樣差的同學想要加入時，就必須貢獻自己的「勞力」，也就是幫同學買東西、搬家等，於是班上就多了許多跑腿工、搬家工、司機等「職業」，到了期末，同學們就透過我的平台來達成all pass的成果。

從頭到尾我都沒有出過一份筆記，甚至到最後連搬家工、跑腿工、接送工等勞力都不需要由我親自出馬，但大家都很願意利用這個平台貢獻各自所長。其實，看似不勞而獲的我，唯一貢獻的就是「建立平台」，如果沒有這個平台，同學們的筆記和勞力就無法進行交換，大家的需求就不會被滿足。

我在大學四年平安度過大小考試，並非全靠努力和聰明才智，而是人脈。由我構成的人脈網可以解決同學及朋友遇到的眾多問題，當我成爲問題解決中心，就會吸引更多的人才加入，社會實力就會變得更堅強。

個人專屬的「人脈存摺」

無論在校園或社會中，永遠不要期待別人會無條件地幫助你，也不能一味地想從別人身上獲得什麼好處，要成爲一個眞正的領導者，就必須擁有「利他」的價值觀，當你具備這項特質時，你的朋友就會變多，人脈就會變廣、變深。

領導能力與考試能力無關，它是一種價值觀和個人魅力的融合，沒有一個人可以僅為己利而成為領導者，如果你想要成為領導者，就請從培養利他的價值觀開始吧！

所謂的利他價值觀並非做義工，它具有無形價值，你曾經幫助別人處理的任何事物，都會像「存摺」一樣儲存到你個人專屬的「人脈存摺」，雖然你不知未來何時、何事可從人脈存摺「提領」本金，但總有一天它會「連本帶利」的回報你；相反地，如果你凡事都要佔人便宜、出去吃飯總要別人請客、動不動就開口請人幫忙，你人脈存摺的「存款」必定少得可憐，甚至是「負債」狀態，套句江湖老話：「出來混的，總是要還的。」

雖然單純擁有利他價值觀，距離成爲偉大領導者的境界還非常遙遠，但如果你連利他的價值觀都沒有，出了事情你第一個落跑、永遠不在意別人的困難、有錢只想自己賺，你如何期待有人願意跟隨你，與你一同出生入死、爲你賣命？

永遠專注於幫助別人獲得他們想要得到的東西，最終你就會獲得你想要的東西。這就是成爲領導者的精髓。

沒有專業，你什麼都不是

我的好朋友C君是一位保險業務員，有天他來辦公室找我時，我正埋首案件卷宗海中努力研究案件。他站在門口調侃地說：「這麼專業有什麼用？人脈比較重要，你應該走出去拓展人脈，專業是賺不到錢的，只要有人脈就會有錢。」我驚訝地看著他說：「誰教你這個觀念的？」他若無其事地說：「我主管啊！他超厲害的，業績超好，人脈又廣，每天都閒閒沒事做，就賺很多錢。眞希望可以盡快跟他一樣。」

我停下手邊的工作，嚴肅地跟他說：「我一點都不這麼認爲！」C君滿臉疑惑地看著我。

我認眞地跟他說：「你才幾歲，不努力培養專業，就打算這輩子只靠人脈賺錢？你如果沒有任何專業，在人脈網絡中扮演的角色是什麼？你能貢獻給大家的是什麼？如果沒有任何專業，做任何事只想靠人脈，充其量你只是一個牽勾仔（仲介者）。你有看過哪個偉大的企業家這輩子的成就只是當一個牽勾仔嗎？」C君有種被人打醒的感覺，最終他認同了我的見解。

其實，我也是曾經被人狠狠地教訓一頓後，才有今天這番體悟的。

在我爲家裡奮鬥的期間，日夜不斷地努力工作，白天當律師，晚上和假日到補習班當老師，辛苦地將每天賺到的錢存下來，只希望讓爸媽可以有一個像樣的房子住。

在一次飯局中，我認識了一個很有錢的老闆，他經營土地開發公司，出手闊氣，爲人海派，對晚輩照顧有加。他告訴我：「你們當律師的，賺錢太慢了，一個庭一個庭的開，能賺多少錢？當老師一堂課可以賺多少錢？在這個社會上，專業不值錢，人脈才值錢。與其浪費時間培養專業，倒不如好好用心在人脈的經營，這樣才能賺到大錢。」

回到家後，我反覆思考他的話，覺得他講的很有道理，相較於土地仲介的報酬，律師和老師所賺的錢好像都只是九牛一毛，爲了趕快賺到大錢，我應該要好好經營人脈。

此後，有好一陣子，我把大部分時間花在交際應酬，透過各種場合認識不同朋友，希望藉由人脈拓展的過程中尋找仲介土地的機會，酒越喝越多，消夜一攤接著一攤，研究法律、處理案件的時間越來越少，身材卻越來越肥胖。

直到有一天，遇到仲介土地買賣的機會，我非常雀躍，但當客戶詢問我土地交易相關法律、土地登記實務、買賣交易風險等極專業的問題時，我呆住了！因爲我竟然沒有辦法完整地回答客戶，我天眞地以爲只要把人脈經營好，單純把締約機會轉達給買賣雙方，就可以賺到土地仲介佣金。後來，這筆生意被另外一位很專業的土地代書前輩賺走了。

這位代書前輩很慎重地約我喝咖啡，並且語重心長地告訴我：「峰源，你的學歷和資質都很好，不應該在這麼年輕就把路走偏，人脈固然重要，但你的年紀不能只想要靠人脈賺錢，專業是你當律師的根本，也是你在社會上闖蕩的競爭條件，你一定要記得，你應該成為一位專業的律師，而不是努力成爲一位牽勾仔，不然你會被別人看輕的，眞正的大生意也輪不到你。」這一番話著實狠狠地教訓了我、徹底地打醒了我，並即時將我從迷失自我的危機中拉回正軌。

從那天起，我又恢復每天埋首案件卷宗、研究法院判決，在補習班認眞教課，大幅減少不必要的應酬，雖然日子過得很辛苦，但卻很踏實。隨著專業能力的進步，可以解決客戶更多更艱深的問題，贏得更多口碑，也賺取到應得的報酬。

年輕人在初出社會時，因為缺乏社會歷練，常會接收一些似是而非的道理，讓價值觀產生偏差，輕則耽誤成長時程，重則影響一生。

雖然中國人說：「有關係就沒關係，沒關係就有關係。」可見人脈對於事業的幫助是非常重要的。但年輕人絕不可以倒果爲因，放棄專業的養成，只想倚賴經營人脈來賺取金錢，這是很危險的觀念！再講深入一點，如果你做任何事都只依賴人脈，每天只是在當牽勾仔，那當你的朋友還眞可憐，因爲你交朋友的目的只是汲汲營營利用朋友賺錢，這樣的你眞誠嗎？你這個朋友是値得別人交往的嗎？任何不眞誠的付出，將只會獲得不眞誠的回報，一切的往來只是經過設計包裝的謊言，充滿危機。

專業的培養和訓練是最枯燥、辛苦、也最漫長的，但對剛出社會的年輕人而言，專業是立足社會、贏得尊敬的唯一方法。因爲專業可以幫助別人，解決別人的問題，對別人有所貢獻，並透過實務經驗的累積、社會歷練的增加，穩健扎實地建立未來事業所需的人脈資產，這才是正途！

也許有人會認爲，擁有專業又不一定可以成功，但我深信：「雖然專業不是成功的全部條件，但沒有專業，你什麼都不是！」

用人講求忠誠第一，但能力不能太差

我曾經向一位知名企業的大老闆請教用人之道，他認眞地說：「用人講求：第一，忠誠；第二，還是忠誠！」他的用人之道，就是以忠誠作爲唯一考量。我一向把前輩的指導都謹記在心，這次也不例外，所以在我經營事務所的過程中，這個原則一直列爲首要考量。直到某天遇到一個人事問題，才讓我重新思考這個原則，並加入我自己的見解修正。

空有忠誠，卻缺乏專業

我有個從小一起長大的好兄弟B君，我認識他的時候才八歲，交情不言可喻，他是一位非常老實木訥的人，與聒噪的我形成強烈的對比。創業之初需要夥伴，我第一個就想到他，所以就找他加入我的團隊。

在事務所開始營運初期，因爲案件量不多，所以還沒有出現什麼特殊問題。等到業務逐漸穩定後，需要更多的法律專業、管理專業等能力，我卻慢慢發現，他的能力似乎沒有跟上事務所的發展，因此在職位及工作安排上就出現問題了。

如果就交情和忠誠度而言，我跟他之間是絕對沒話講，我對他的信任勝過任何人，我們的感情幾乎跟家人一樣，但如果單純就工作而言，他的能力已經不符事務所的發展，只能做單純的行政事務性工作，加上他又是事務所的創所員工，要他去當其他小組的屬下又有些爲難，擔任小組主管的話，又囿於領導能力不足，導致下屬抱怨連連。

於是我多次利用私下餐聚的機會，暗示他應該要努力培養自己的專業和管理能力。他一開始似乎有當一回事，努力進修，但過一段時間後，又因爲太辛苦而放棄。當我發現時，就會再次提醒他，但他每次都只是三分鐘熱度……

再這樣下去，事務所的運作會當機，其他夥伴也會有意見，大家都覺得他憑什麼領比較高的薪水，難道只是因爲他比較「資深」？跟老闆的「交情」比較好？這樣的閒言閒語對他也是一股很大的壓力。

後來，我決定很認眞地找他討論這個問題，討論好幾個小時後，他也體諒我的立場，選擇離職轉業，管理另一家我倆合資的公司，也算是我感謝他對事務所的貢獻。

經過這件事情後，我想起那位知名企業家所教導的道理：「用人講求第一，忠誠；第二，還是忠誠！」但這是眞理嗎？其實我發現，這樣的想法是源自於大老闆的特殊心態，因爲他們的事業體較爲龐大，所以基本上在企業裡不缺乏有專業或管理能力的人才，但卻極爲欠缺對於他們非常忠誠的人。因爲在他們的眼裡，任何人在他們面前努力表現，對他們好，都只是想要他們的錢，並非眞正的忠誠，所以不值得信任，因此才會衍生出這樣的「用人哲學」。

真正的忠誠不是「搞好關係」

但是我認為，忠誠的確是用人的第一關鍵，因為如果一個人有不忠誠的特質，縱使擁有天大的本領，總有一天會投靠他人，甚至背叛你。所以欠缺忠誠特質的人根本不值得培養和深交，頂多和他存有互相利用的「薄弱關係」。然而，如果用人只強調忠誠度，而忽略其他專業和能力因素的話，那就有點以偏概全了！

許多社會新鮮人在初入社會的階段，常被灌輸一種觀念：進公司後要和老闆及主管搞好「關係」，讓他們相信你是最忠誠的，其他的沒有這麼重要，只要關係搞得夠好，就能夠在公司裡安身立命，永保安康！

這樣的觀念是大有問題的，初入職場的新人實在不應該把「搞好關係」列為首要之務，畢竟關係和忠誠度只是一種「資格」，而非「能力」。也就是說，對老闆的忠誠度只是一種人才特質，代表一個人值得栽培的資格，但它不是一種能力，只有忠誠是不能替公司解決問題的。此外，如果只有忠誠，卻欠缺專業能力，將來老闆想要提拔你的時候，就會遇到我所說的困境，最後老闆爲免引起其他員工的非議和不滿，就會放棄只有忠誠而沒有能力的你。

我認爲，如果只是單純的忠心、不背叛，這樣的強度太弱，是沒有積極能量的忠誠。所謂眞正的忠誠，指的是眞心了解老闆的問題，並替他分憂解勞，努力培養自己的能力，和老闆聯手開疆闢土，成爲其眞正的事業左右手，這樣才是眞正的「人才」。不然老闆終有一天會因爲你的「無能式忠誠」而在公司的人事安排上遭遇困擾，而你自己也會搞得進退兩難。

因此，我把那位知名企業家的道理稍加修改成：「用人講求忠誠第一，但能力不能太差！」

懂得感恩的人，才值得培養

在許多演講場合中，學生最喜歡問我的問題是：在現代競爭的社會裡，什麼樣的人才稱得上是人才，需要具備什麼樣的特殊能力？我的回答很有趣：「忠誠。」學生很驚訝地問：「忠誠是一種能力？」我說：「**忠誠不是一種能力，但是一種資格，如果不忠誠，就算有再多、再強、再專業的能力，都不是一個值得培養的人才。**」

我有一個能力非常好的朋友A君，他的專業及社交能力非常強，在畢業後進入知名建設公司上班，擔任開發部的專員，深受老闆重視，在經過幾年的訓練後，他已經具備獨當一面的能力，前途一片看好。

有一天，他找我吃飯，在閒聊的過程中透露，希望再過幾年，把老闆身邊的人脈都認識完後，就要自己開一家土地開發公司，這樣才賺得多。一瞬間，我沒有聽懂他的意思，再仔細問他：「你的意思是說，在你自己創業開公司以後，打算把你老闆的人脈帶走？」他很認眞地回答：「當然啊，不然我這麼辛苦待在這家公司做什麼？爲的就是要學自己的功夫，然後把公司的人脈變成我自己的，不然新公司怎麼開得成？」我接著問：「那你到時打算怎麼回饋你的老東家？」他隨口地回答：「不用吧！我多年來爲老闆做這麼多事，喝這麼多酒，做牛做馬，替他賺這麼多錢，這應該夠了吧！哪還需要回饋什麼？」

聽完他的想法後，我就已經預測到他的危機。果不其然，又過了一段時間，我就常聽到他抱怨，老闆對他好像有戒心，案件開發的關鍵人脈都不讓他接觸，在公司裡從「當紅炸子雞」，變成被打入冷宮的「深宮怨婦」，最後更被迫離開公司。

我朋友在離開公司後，索性就自己開了一家土地開發公司，但從創業至今，業績始終未見起色，連年虧損，瀕臨倒閉的危機，也把出社會所賺的積蓄全部賠光了。

他找我訴苦：「我不懂，爲何我的專業這麼強，沒有人願意給我機會，明明以前每天都在一起喝酒的好兄弟，怎麼在我自己創業後都不相挺，在以前很看重我的老闆們，爲何都不把案件交給我處理，我明明都已經把這些人脈經營成自己的人脈了！爲什麼還會失敗？」聽完他的訴苦後，我只有淡淡地回答了一句：「因爲你不忠誠，不懂得感恩，這就是你的致命傷。」

創業自己當老闆，不再需要看老闆臉色做事，是許多人的夢想，所以在初期進入大公司上班的心態很清楚，就是要在大公司中好好學習專業，期待老闆或主管好好栽培他，然後把身邊重要的人脈都介紹給他認識，以便未來在自己創業的時候用得上。這樣的心態基本上是正常的，也是符合人性的，只是有些「江湖道義」必須兼顧，才能在眞實社會中安身立命。

古代帝王在選用人才的時候，喜歡挑選孝順的人，也就是所謂「孝子門下出忠臣」的道理。因爲父母親的恩情最大，遠大於給予升官發財機會的皇帝，所以如果連父母的恩情都不懂得回報，未來獲得高官厚祿，甚至兵權時，就很難期待他可以效忠皇帝，可能會跋扈擅權，甚至有可能會起兵反叛。因此，古代帝王無不時時刻刻地觀察、測試一個人的忠誠度，一旦被帝王察覺有二心，縱使再有曠世奇才也難受重用，甚至會招來殺身之禍。

從一個人獲得老闆、前輩的栽培後，是否會心存感恩與眞誠而實際地回報，就可以知道他的忠誠度。所謂的忠誠度，指的不是要效忠一家公司一輩子，而是對於曾經有恩於你的人，能否時時刻刻心懷感念，不做出傷害他們的事情，甚至在他們有難時，可以立刻給予能力所及的回報。

現代社會中，老闆就跟古代的帝王一樣，手上擁有許多資源、人脈及機會，他會觀察身邊有哪些值得培養的人才，而這些人才的首要條件，就是要「忠誠」。當具備忠誠的條件後，才從中觀察是否具備特殊能力，並給予資源、加以提拔。

一個擁有懂得感恩特質的人，縱使能力普通，也許可以因爲受到老闆信任，爲老闆處理一些需要高度信任的工作；相反地，**如果一個具有「反叛」特質的人，縱使能力特別突出，老闆也許在特定的時間點或場合中，需要借重他的專長，暫時任用他。但這也只是短暫的利用關係，而非信任關係，這樣的關係是權謀、緊張、短暫的。**

許多人自以爲聰明，以爲自己在公司裡結黨營私、建立朋黨，老闆都不知道。有句名言：**「當你把別人當笨蛋的時候，其實你自己就是笨蛋。」**眞是太有道理了！今天你的老闆可以當上老闆，一定有他特殊的社會經驗和歷練，誠如股神巴菲特所說：「小狗玩不出老把戲。」所以你的一些小動作，其實都看在老闆眼裡，只是他不想戳破，或是還沒有到達撕破臉的時機。

當然，也許有人會說，就算我對老闆忠誠，老闆也不一定懂得感恩，所以如果遇到不好的老闆不是很倒楣嗎？這句話說得一點都沒錯，但是當你有這樣的想法，也許該檢討一下自己的專業能力，是否讓老闆不知道如何給你舞台、一展身手的職位？如果不是，而眞的遇到一個很不好的老闆，那也可以在不背叛他的前提下離開公司，而不是利用公司資源，拓展自我人脈，像小偷一樣把公司資源偷走。

具備忠誠特質的人，也許不一定可以遇到好老闆，獲得很好的成功機會，但可以確定的是，欠缺這樣特質的人，絕對稱不上人才，也不值得培養，頂多可以保持互相利用的關係，不然，不斷給予他機會、人脈、資源，當他長大後，就會「養老鼠，咬布袋」（台語）。

我朋友始終認爲他的老闆能力比他差，如果可以利用公司資源經營自己的人脈關係，一定可以做得比老闆好。其實，他觀察到的事眞是少得可憐！第一，這家公司規模這麼大，會是一個笨蛋所創立的嗎？第二，他太小看老闆對於自我人脈的掌控程度，他們的關係也許是數十年所累積的信任關係，豈是毛頭小子喝幾次酒就可以搶走的，大家願意陪你吃吃喝喝是看你背後老闆的面子。最後，也是最重要的，這些人都是「長毛發角」的（意思是很厲害、很有經驗、歷練的角色），他們觀察到你會背叛栽培你的老闆，也就會預見將來你會以相同的方式對付他們，那還有誰會跟你合作？這也就是他後來自己開公司，卻沒有人願意跟他合作的關鍵原因。

無論在古代或現代社會，一個懂得感恩、具備忠誠特質的人，才可以被列入人才栽培的名單中，這樣的道理很簡單，但卻極爲實用。**試問，你自己願意培養一個未來會背叛你的人嗎**？

依我個人的經驗來看，我觀察一個人是否具備感恩、忠誠特質的第一步，就是看他對於自己的父母親孝不孝順。父母的恩情最大，如果他連父母恩都不懂回報，那他的一切忠誠表現，都幾乎可以用「虛僞」來形容。**所以，想要成為真正的人才之前，請先好好想想父母對你的恩情，好好感謝他們，孝順他們吧**！

責任承受程度，代表成熟程度

「峰源，以你父親的身體狀況，你應該只有一次考律師的機會。」當證實父親罹患口腔癌時，醫生很嚴肅地跟我說。

記得當時我還在念大三，聽到這個消息時非常震驚難過，阿爸才五十五歲，平常身體也很健康，爲什麼會這樣呢？

我們許家前幾代都沒有念過什麼書，阿爸非常重視我的學業，我考上台大，已經讓他非常引以爲傲，如果許家出現第一位律師，更是他連作夢都不敢想的事情。所以阿爸拚命工作賺錢，讓我不用爲家裡的家計擔憂，只要專心把書念好就好。

三百分之一的機率

當醫生告知我只有一次考律師的機會時，我的腦袋一片空白，「應屆畢業考取律師」對我而言，也是連作夢都不敢想的事。全國一年參加律師高考的人數大約將近九千人，其中只有大約三十人會是應屆考取律師的「怪物」！這個機率真的非常低！

人在許多人生的重要時間點是沒有選擇的，必須被迫走上最辛苦、最困難的道路。但阿爸的身體狀況讓我沒有猶豫和害怕的空間，我只能立下應屆考取律師的目標，而且一定要達到。我發誓要讓阿爸親自見到這個夢想實現，一定要……

從那天起，我開始大幅減少補習班、家教和打球的時間，除了學校上課時間外，把所有的時間都花在台大法學院圖書館中。到了大四，課幾乎都修完了，念書的時間多了許多，所以我每天從早上八點半法學院圖書館開門時就進去念書，一直念到晚上十點關門。回到家後，繼續背法條背到凌晨一兩點，不分平日或假日，每天念書都超過十二個小時。縱使在過年時也是一樣，大年初二就開始念書。印象深刻的是，我利用大年初二到初六共五天的時間，以每天約一百五十頁的速度K完票據法！這種念書方法、時間長度、意志力，只能用「瘋狂」兩個字來形容！

我記得到了大四下學期的五月，我已經把所有需要念的教科書都念完了，從那時起，我就進入律師高考的最辛苦、最枯燥的階段，就是「背法條」。律師高考總共考十二個法科，其中民法共有一二二五條、民事訴訟法共有六四〇條，其他法科也都在數百條左右，眞的是背到昏天暗地！

在這過程中的枯燥、痛苦、壓力，絕不是沒參加過律師高考的人可以理解，如果以我考大學的辛苦程度爲計量標準，我估計比當年爲了考台大法律系所付出的努力程度，至少高出五倍以上！

但每當我念到整個人都快掛了的時候，一回到家裡，見到阿爸躺在破舊的沙發椅上，我的鬥志就會被重新點燃；當阿爸用因開刀而變得孱弱的聲音關心我、鼓勵我時，我就一點都不覺得累，洗個澡，還可以背個上百條！爲了阿爸，我要繼續拚下去！

終於到了八月應考的時間，律師考試總共從早到晚考三天，除了國文有選擇題外，其他全部都是申論題，每張考卷幾乎都要寫滿七頁，需要過人的體力和意志力才能完成「全程到考」（每年報名人數約九千人，但可以完成全程到考的大約只有不到五千人）。過去一年多的準備時間裡，我用盡所有體力、精力、專注力，這把賭很大，絕不能退縮，也沒有時間害怕，絕對要拚了！

我撐過來了……我完成了三天辛苦的考試，也爲自己在過去一年多的拚鬥畫下一個完美的句點。

記得十一月三日放榜的前一天晚上，我根本睡不著，因爲我不知道如果沒有考上的話，我是否還有殘存的鬥志來面對明年的考試。更重要的是，病榻上的阿爸就看不到我完成夢想，我身上背負的除了個人的榮譽，還有所有家人的期盼。種種複雜的想法和擔憂，讓我隔天一早六點鐘就出門去吃早餐，因爲我根本整晚沒睡！我盡量讓自己「一如往常」到每天光顧的早餐店吃早餐，「若無其事」吃著早餐，看著當天的報紙，一份接一份看完後，時間卻離放榜的十點鐘還有一大段距離，所以我又把所有報紙再看了一遍！

終於到了九點五十八分，但我根本沒有勇氣上網去看榜單，更沒有膽子打電話去查榜，只能被動地坐在早餐店裡看第三遍的報紙，等待別人打電話「恭喜」我考上（因爲沒有考上的話，沒有人會打電話給你，這時候打電話通知別人沒有考上，是一種很白目的行爲！）。

十點了！從此刻開始，我一直緊盯著手機，希望電話鈴聲可以響起，我甚至智障到自己調鈴聲來聽！一直到十點五分，我總共盯著手機三百秒，看著秒針移動了三百次，但電話鈴聲沒有響起。十點十五分，秒針又移動了六百次，電話鈴聲始終沒有響起，除了我自己調的以外……

我放棄了！全身無力癱軟地離開早餐店，用最後僅存的力氣發動機車，緩慢地騎回家……

奇妙的事發生了！電話鈴聲響了！我記得剛剛自己調的已經關掉了，

怎麼還會響呢？是我幻聽嗎？當我把手機拿出來時，發現是眞的，電話眞的響了，是補習班打給我的！元鳳姐在電話那頭驚叫：「峰源，恭喜你！你眞的考上了！而且還是在第一頁就看到你的名字，名次很前面喔！剛剛網路當掉，所以才這麼晚打電話給你。」我聽到後整個人傻了……立刻體力充沛地騎車回家，上網對准考證，這個時候可千萬拜託不要出現同名同姓的「許峰源」！在對完五十遍准考證號碼後，我確定考上的眞的是我！不是作夢！我眞的考上了！

父母親在知道消息後都流下淚來，謙虛地接受左鄰右舍的恭喜，他們當時欣慰的表情，我一輩子都忘不了。為人子女最大的成就，就是讓父母親以你為傲，讓他們深深感覺到辛苦的一切代價就都值得了！

拿到律師證當晚，父親病逝

在考上律師後，我立刻投入六個月的律師職前訓練，在完成訓練、拿到正式律師證的傍晚，接到姊姊的電話，告訴我阿爸在台大醫院急診室。

我立刻趕過去，到了醫院，醫生告訴我們，阿爸的狀況很不好，很有可能撐不過今天晚上，所以讓我們家屬簽立放棄急救同意書！我不敢相信時間會來得這麼快，快到我還沒有心理準備！

我強作鎮定地來到阿爸床前，告訴他：「阿爸，這是我今天拿到的律師證，從今天開始，你兒子就是一個正式律師了。」阿爸拿著律師證把玩許久，以充滿驕傲但微弱的語氣說：「這樣很好，很好……」我接著問他：「阿爸，如果情況緊急，你有想要插管嗎？」阿爸說：「不，自然就好。」聽到阿爸這樣說，我的眼淚再也忍不住流了下來，鼓起勇氣說：「阿爸，醫生說你今天晚上可能過不了，有什麼事情要交代我們嗎？」父親很平靜地說：「沒有，你們都很乖，好好孝順你阿母。」擦完淚水後，我親自簽下放棄急救同意書，決定讓阿爸走得有尊嚴。

在經歷五次大型手術、無數次的電療、化療，爲許家貢獻一輩子的阿爸，在見到我爲他拚來的律師證後，了無遺憾地離開人世……

家裡的經濟情況在阿爸生病後一直沒有好過，所以並沒有很多錢可以幫他辦理風光的後事，但當下我就決定將阿爸的骨灰安放在金寶山，一個質感很高但價格也很昂貴的地方，這個決定幾乎將他僅存的積蓄全數花光！

阿母對於這個決定不太高興，她認爲塔位買便宜的就好，因爲我們的經濟狀況不好，剩下的錢應該要留下來。我告訴阿母：「第一，這些錢是阿爸賺來的，本來就不是我的，只有他有權利享有，何況他這輩子都還沒有享過福，錢我自己會賺。第二，阿爸不在了，縱使我未來在事業上有再好的發展，他都沒有辦法親眼看到，也享受不到了，所以我要用盡我目前最大的財力，讓阿爸可以『住』在一個像樣的地方。」

又一次殘酷的打擊

在圓滿處理完阿爸的後事後，我回到律師事務所上班。我告訴自己，在接下來的人生裡，我要好好努力，盡快買一間房子，讓阿母可以搬離現在的家，因爲現在住的地方實在是太小太舊了，我希望可以讓阿母住到一個「像樣」的房子。

過了一個多月，家人也慢慢從悲傷中走出來，生活恢復正常……

一天下午，我接到姊姊的電話，她哭著說：「阿母在例行的胸腔檢查中發現了癌細胞，醫生證實阿母得了肺癌！」當我聽到這個消息時，腦袋一片空白，完全無法思考，我坐在辦公桌前，眼前的螢幕越來越模糊……我哭不出聲來，只有不斷地、不斷地流淚，淚水把桌上的卷宗給滴濕了，我不願意停下工作，因爲我不願意相信這是眞的。但不斷流下的淚水和糾結的心，並沒有讓我從「夢中」醒來，直到我的老闆劉師婷律師問：「峰源，你怎麼啦？」我這才回過神來，也確信這件事情是眞的！

那天下班時，原本十幾分鐘的車程，我卻騎了一個多小時都還到不了家，我一直騎一直騎，不斷地問老天：「祢到底在搞什麼？這是在整我嗎？爲什麼要這樣對我們……」

我知道肺癌是一種致死率非常高的癌症，而且惡化速度非常快，我眞的很難過、很徬徨，不知道該如何挽救阿母的健康……

我冷靜思考後發現，我們現在住在四十多年的舊公寓四樓，沒有電梯，阿母很胖、膝蓋又不好，光是爬樓梯對她就是很大的負擔。加上房子太過老舊、狹小，根本不適合養病，所以我決定要以最快速度買一間房子，讓阿母可以好好安心養病。

但對二十四歲的我而言，買房子談何容易？如果只是繼續當一位受雇律師，薪水根本不夠買房子。但創業是一個非常艱鉅的挑戰，對於律師業而言，這麼年輕創業，根本就是不可能的任務。可是肺癌平均存活年限不到一年，我沒有時間等待，更沒有時間猶豫，所以我勢必要賭上一把！

我決定離職，創業……法羽律師事務所誕生！

在離開事務所後，我展開了創業的艱困過程，爲了增加收入，白天忙完事務所的工作後，到了晚上和假日就變身爲補習班老師，我拚了命地接課，無論台北、新竹、台中、台南，只要有課，再遠我都去教，只爲了多賺一點錢，趕快達成買房子的夢想。

在經過兩年多沒日沒夜的打拚後，事務所的業務逐漸穩定，收入漸豐，在妻子細心的照顧及支持，三位姊姊、二姊夫及岳母的鼎力相助下，加上我所有的積蓄，我終於在二十六歲那年買下人生中的第一間房子。

我永遠忘不了要搬到新家時，阿母向左鄰右舍道別時的神情，既開心又驕傲，笑容掩蓋了所有的病痛，好像從來沒有生過病一樣，當時我真的真的好希望這樣的時光可以一直延續下去……

搬進新家後，終於有比較舒適的環境可以讓阿母好好養病，加上事務所已經撐過創業的陣痛期，收入還不錯，所以有足夠的經費讓阿母接受最好的治療、購買相關補給品、帶她到各地去玩。

在接下來的一年內，我的三位姊姊努力安排各種家庭旅遊，帶阿母到合歡山、日月潭、花蓮、淡水等她一直想去的地方。阿母每次回來，都會不斷跟朋友分享她去哪裡玩，吃了什麼東西，眞的玩得好開心。阿母度過了她人生中最快樂的時光，當然，這也是她人生最後的時光……

九十八年年底，阿母的病情急轉直下，醫生認爲狀況很不樂觀，我們姊弟跑遍全國各大廟宇，得到的答案卻都一樣，就是「緣分」盡了！最後，我們同意讓阿母接受緩和醫療，阿母走了，很安詳、很平靜……

在阿母走後的一段時間內，我幾乎打不起任何精神，我人生的目標頓時「失蹤」了！這時我才發現，在過去幾年內，我幾乎爲了父母、爲了許家，用盡所有精力、犧牲所有玩樂，每天不斷努力、奮鬥，終於在事業上有了現在的小小規模。但現在父母親都不在了，我要爲誰努力？爲誰打拚？

勇於承擔責任，才是成熟

銷假返回工作崗位，見到我事務所的夥伴們後，我知道這些夥伴因爲相信我才跟隨我，我對大家有責任，有責任給大家的事業前途帶來希望和幸福，所以我必須要打起精神來，繼續在律師的工作崗位上奮鬥下去！

回到教課的舞台上，見到眾多相信我的學生坐在台下，認眞聽著我講述課程，他們認眞的眼神給我很大的動力，我深知自己有責任幫助大家考取，所以我必須更認眞的教課，讓大家可以考上心中理想的目標。

我這才發現，原來在這幾年的努力下，我已經不再是一個人，有許多人的工作、前途和學業，都跟我有著密切不可分的關係。我不再孤單，有責任照顧更多人，所以必須要繼續用功、努力、認眞做好每件事情。

許多學生總不喜歡人家稱呼他們「小孩子」，因爲他們總覺得自己已經「長大」、夠成熟，可以爲自己負責任，所以不是小孩，而是一位成熟的「大人」。

如果你認爲成熟的定義，是指有能力爲自己負責任，表示你對於成熟人格的定義「有瑕疵」。人的一生不可能只爲自己而活，只要活著一天，就必須與別人產生關係、產生一定的責任。如果只爲自己負責的話，那眞是太容易了，但也代表你是個絕對自私的人！

記得我在承辦青少年傷害案件時，青少年總是會在警局裡大聲說：「我做的事情，我自己負責，我可以一肩扛起，跟任何人無關。」

聽到這樣英雄式的叫囂，我總是覺得好笑！因爲當他選擇傷害別人時，已經造成被害人親屬極度的傷痛，更讓他自己的父母親失望、難過。

這些情緒是他無法負起責任的，他所造成的後果也不可能跟任何人無關。所以我說他這樣的講法是不成熟的，根本是在開玩笑！

什麼是成熟？想想你父母親，如果只需要對自己負責，那他們根本不需要養育你，而他們爲什麼還要不辭辛勞，給你吃最好的、穿最好的、用最好的？道理很簡單，就是他們知道必須對你負起爲人父母的責任，當他們願意這樣做時，才有資格當「成熟」的父母。

所以，我認爲責任的承受程度，才代表一個人的成熟程度。當一個人可以爲許多人負責任時，對於家庭、社會才有貢獻，也才能代表他是一個成熟的人。一個爲人子女的人，要證明自己是一個成熟的人，那就先學會把孝順父母、家庭經濟列入你的責任承受範圍。如果連這件事都做不到，只能自以爲是的對自己負責，那根本不叫成熟！將來還想要做大事、建立大事業、管理數百、數千，甚至數萬名員工的生計？拜託，別造孽了！有聽過「禍國殃民」這句成語嗎？

在努力打拚的過程中，我也是人，也會累，也曾想過放棄，不理會父母的病況、家庭經濟的壓力，拿著我賺來的錢好好享受一下，當一個人人稱羨的律師，以一個受雇律師六萬元左右的薪水，要養活我自己，根本是太綽綽有餘了！但每當工作結束回到家後，見到生病中的父母親，我的怠惰、逃避、自私，都立刻消失無蹤。照顧父母是爲人子女最基本的責任，這個責任鞭策我不斷向前，連一刻都不敢停歇，因爲我知道，我在跟死神的沙漏決鬥！

證嚴法師說過：「願有多大，力量就有多大。」

許多人對於目標的堅持意志力十分薄弱，原因很簡單，因爲他努力的原因只是爲了自己。例如賺錢只是爲了讓自己過好一點的日子，可以買名牌包、買名車、住豪宅等，所以當他在實現目標過程中遭遇困難、承受磨練時，就容易放棄。因爲如果沒有擁有名牌包、開名車或住豪宅又不會死，日子還是一樣可以過下去，所以幹嘛這麼辛苦呢？但如果今天他身上背負的是超越己身私欲的責任時，那實現目標的力量將會超乎想像，潛能也將會在關鍵時刻下激發，目標就會在自然而然的過程中被實現，個人的能力和成就也同步提升到另一層級。

上天給我的一連串嚴峻的考驗，讓我在被動的情形下許下大願；但也因為這些大願，讓我產生異於常人的力量！當我衝破這些挑戰、完成大願後，一回頭，才發現我已經不再是當年那個輕狂無知的學生，我已經是一間律師事務所的老闆、一年要教授上千名學生的老師。我所背負的責任，無論在數量上、質量上都已經不同以往，對於事務的判斷力與決斷力，也因為歷練的增加而更為精進。

其實，討論和爭辯成熟與否不重要，對於責任承受的程度及能力才是重點。當你可以承受對父母親孝順的責任、分擔家計時，代表你是個成熟的子女；當你可以負起教養子女的責任時，代表你是成熟的父母；當你可以為許多人負責時，你就是一個成熟的老闆、領導者；當你可以為一個社會，甚至整個國家的人民負責時，你將是一位偉大的領袖！

Part 3

我的讀書方法很簡單

一個母親的請託

我曾接到一個母親的請託。這位母親是學術界的資深教授，先生很早就過世了，兩人都是我台大的學長姊。她在媒體上看到我的報導後，打電話到律師事務所找我，希望我能跟她明年即將面臨大學入學考的兒子碰面，激勵並鼓勵孩子，讓他更有自信。

接到電話的我十分驚訝，因爲我在教育界只是一個資歷淺薄的晚輩，沒想到前輩會放下身段來請託。由此可知，她必定非常關愛孩子、重視孩子的教育，因此我答應與孩子見上一面。

跟這對母子第一次碰面的時候，剛好是阿母接受化療，與癌症病魔搏鬥的期間，所以非常羨慕這孩子有一個疼愛他又身體健康的母親。我告訴這孩子：

「父母親是這世上最偉大的人，他們是唯一可以無私地照顧你、疼愛你的人。你父親已經不在世上，母親又母兼父職，其辛苦和壓力更不是言語可以形容。你應該要盡一切努力，讓她以你爲榮，這是你當子女最基本的義務，這樣的責任感、使命感，不是任何恐懼、逃避的心魔可以影響你的。人生有些重要關卡，只有一次挑戰的機會，升大學的入學考試就是其中之一。你要不顧一切迎接挑戰，才能成爲一個『成熟』的眞男人。」

一旁的母親聽完這些話，眼淚便滑落臉龐，讓我心裡很是感動，那是種母愛的表現。

「很多人對『成熟』都有一些誤解，總以爲他可以對自己負責時，就代表他已經成熟了！這是不成熟的想法！其實所謂的成熟，指的是你有多少能力可以承擔『責任』兩字，可以承擔的『責任』程度有多深，範圍有多廣，簡單說，『成熟』就是『責任』的承擔能力！就好比你母親在父親去世後，必須獨自面對所有的困難和挑戰，她承擔了養育你長大、照顧家庭的『責任』，這就是一個成熟人格的表現！現在的你，要如何表現你的成熟度？其實很簡單，就是把大學入學考試當成你對這個家庭的『責任』，讓母親可以感受到她的努力和付出是有回報的。你的『責任』就是讓所有關心、在意你的人都不會爲你擔心，都可以因爲你而感到驕傲！

「責任不是一種壓力，而是一種愛。因爲愛，所以可以無怨無悔地付出。就好比你母親願意承擔照顧你、撫育你的責任，是因爲『愛』不是壓力，而是一種『甜蜜的負荷』。老師很羨慕你有一個健康的母親，老師的母親現在身體狀況非常不好，與她相處的時間就像沙漏一樣可以計算出來。所以你一定要記得老師說的，當你擁有一個愛你、疼你、健康的母親，就是你最大的資產。記得一定要努力，做一個有用的人，孝順你的母親，在任何情況下都要好好照顧母親，這才是一個成熟的眞男人！」

我也告訴他：「很遺憾我沒有能力給你自信，因爲『自信』是不可能由別人賦予的，更不是別人單純的鼓勵就可以獲得的！我從不會因爲別人的讚譽而產生自信，因爲我的自信都是透過嚴謹的自我要求及戰勝自己所獲得。這樣的自信不會因爲外在的影響而有任何的動搖，它自內而生，所以也沒有理由會因爲外來的事物而改變！每個偉大的傳奇人物都有一個很重要的特質，就是絕不錯過、也不逃避每個挑戰自己的機會！在結果出現以前，絕對、絕對、絕對不放棄，歷史的新頁也會就此開展，他們也會成爲永留青史的大人物！美國總統歐巴馬說過：『期待他人，或等待未來，改變將永難實現。我們自己，就是我們等待的人，我們，就是我們尋找的改變。』」

最後，我對他說：「恭喜你，你現在所面臨的大學入學考試正是你人生第一項，但保證絕對不是最後一項挑戰，你應該爲此感到興奮！因爲你正要創造你自己歷史的新頁！」

那次會面後，孩子產生了很強的鬥志，回去後努力念書，我們一直保持連繫，而我也陸續給予許多準備考試的心得和技巧，特別是在心理素質的叮嚀和訓練。

很快地，一年的時間過去了。

這孩子在學科能力測驗成績出爐時，因爲有一科的表現不太理想，自信心受到打擊，產生退縮、猶豫的想法，母親很擔心他會放棄指考，而隨便塡一所目前成績就可以念的學校，所以打電話通知我。我找這孩子深談後，他決定採納我的建議賭一把，放棄學測成績，不塡任何申請的學校，直接衝向指考大關！

因爲放棄學測成績，不用等待申請入學放榜結果的生理、心理影響，所以他比其他人多出更多時間修補弱科，加上他自身的努力，模擬考成績有了穩定的進步，自信心也回復、甚至更強了！

指考成績放榜前，我緊張到不行，像是自己參加考試一般。直到與他母親連絡上，得知他最弱的那科從學測不到均標的成績，經過四個月的特訓，竟衝破前標，甚至接近頂標。再加上其他科本來就強，所以他考了四百五十七的高分！我知道後開心地跳了起來，終於可以放下心中大石，他終於如願成爲我的台大學弟，完成了他母親最大的期盼。

後來他還寫信來分享這段心路歷程：

本來以爲在考試中一路過關斬將的老師，一定有什麼獨門密技能傳授給我，萬萬沒想到老師的讀書方法竟然再基本不過，就是「念書、寫題目、訂正」！起初心中充滿了懷疑，眞的這麼簡單嗎？這樣就能打敗所有考試嗎？等我嘗試去實踐時，才體會到乍看之下如此簡單的事，實際上一點也不簡單！因爲簡單的步驟意味著人人做得到，差別在於每個人下功夫的深度不同，所得成效自然也不同。老師與我分享的一句話一直深深烙印在我的腦海裡，那就是：「可執行的道理一定簡單，複雜繁複的道理必定不能執行。」

更有甚者，我覺得最關鍵莫過於訂正的功夫，念書寫題目大家都會做，但等到考完試後，經常會被各種原因影響，而沒能確實做好訂正，它就像是存檔好提供日後記錄與檢討，不論先前玩的遊戲進度有多亮眼的成就，若沒儲存，一切皆白忙一場。這套功夫的確很難立竿見影，也是堅持下去最大的阻力，不過卻是有效累積實力的不二法門。

剛開始我也曾懷疑過，可是等我埋頭苦練了一小段時日，就眞的明顯感受到自己實力有所提升。也許一時無法在考試成績上展現，可是千萬要相信自己，持續下去，兩、三個月就能收到成效，發現自己腦中的題庫無論在質與量上都獲得很大的擴充。

我不知道當年的互動對這孩子的影響有多深，但我覺得那時對他講的一段話，也許可以給即將面臨大考的考生們一些重要的思考，或帶來一些力量，因而在此分享：

「在接下來的一年時光，將會是你人生非常重要的時期，你會面臨許多挑戰。我要告訴你，不用緊張或擔憂，相反的，你應該感到興奮，就像你要登上大聯盟的舞台一般，你想要揚名立萬就靠這場比賽了，你唯一要做的就是『努力、努力、再努力』，所有偉大的選手在登上大聯盟比賽前付出了多少你無法想像的努力，這需要很強的意志力才能撐過去，絕對沒有天上掉下來的成功，更不可能在練習時偷懶，卻在登上大聯盟球場時，投出一百六十公里的速球！我告訴你，這個過程是非常辛苦的，就如同鴻海總裁郭台銘先生說的：『成長，你的名字就叫作痛苦！』你想要成爲一位歷史留名的大人物，一定要經過『歷練、歷煉、歷鍊』的痛苦過程。

「請你深深吸一口氣，我相信你應該可以感受到自己正在呼吸，那就代表你感受到自己的存在，也就代表你正在撰寫一部專屬於自己的歷史，你想要在明年自己的歷史上記載你念什麼大學，端看你現在的努力程度，所以請爲你接下來要面對入學考試的挑戰感到興奮吧！」

成長最好的養分是匱乏

陳老師夫妻是我的恩師，曾在我小時候給予許多幫助。有一天，師母談到他們的獨生子小強：「小強都已經三十好幾了，婚也結了，小孩也生了，但卻常常失業，抱怨老闆不了解他，老婆只會給他壓力，他不喜歡工作……」師母很擔心，問我該怎麼辦？我問師母：「在他沒有工作的期間，他的家庭生活費從哪裡來？」師母：「眞的沒錢的時候，我會偷偷給他。」我接著問：「他這麼大了，爲什麼還要給他？」師母想都沒想就回答：「不然怎麼辦？他就沒有錢吃飯了啊！」從師母的回答中，我已經知道問題出在哪裡了。

記得幾年前，師母希望小強可以盡快結婚生子，所以貸款一千兩百萬元，幫他買了一間市價約一千五百萬元的豪宅；擔心小強騎車危險，開日系車或國產車又不夠安全，所以又幫當時才二十六歲的小強買了一輛BMW大5系列的轎車，市價大約二百五十萬元。一切的一切，師母都爲小強準備好了……

匱乏的生活，豐富的身教

許多長輩喜歡問我阿母如何教育小孩，阿母都是很簡單地回答：「阿哉，伊攏憨憨阿呷憨憨阿大，我無按怎教，我連聯絡簿嘛無啥看過，只有教伊做人做事的道理。」（不知道，他們都笨笨地吃、笨笨地長大，我沒有怎麼教，甚至連聯絡簿都沒看過幾次，只有教他們做人做事的道理。）每當我聽到這樣的對話，總會看見長輩瞠目結舌、不可思議的表情，然而我知道，阿母看似沒有回答的回答，其實已經完整地回答了！

我的父母都出生於雲林鄉下，因爲家境不好，沒有機會接受正式的學校教育，所以很早（母親十一歲，父親十六歲）就上來台北打拚。結婚後，他們很努力地生了五隻小豬（因為一定要拚到生男孩），再加上爺爺，一家八張嘴要吃飯，夫妻兩人努力求生存，拚盡全力後，也只能讓我們五個小孩三餐溫飽，有學費念書而已。至於上百貨公司買衣服、上什麼鋼琴、舞蹈等才藝課，應該是只有在夢裡才出現過，吃大餐更是奢望，頂多是看著餐廳的DM，流幾滴口水就當吃過了……

然而，父母給予我們的是最豐富的資源：教導我們做人處事的道理。雖然父母親的「解說能力」不夠強，但是他們的「行動力」卻超強，用最直接的身教教育我們，例如：要尊重長輩、孝順父母、吃虧就是占便宜、做人要厚道、做人不可以貪、要守本分、腳踏實地等……當我們違反做人處事的道理時，棍子或衣架就會往身上招呼過來！我們從小都被電得金系系（亮晶晶），所以才有今天做人處事的道行。

我們家的小孩雖然從小在物質生活方面是匱乏的，但我們從來不會抱怨，也不會跟父母吵著要買東買西。因為，當你見到阿爸在冬天下著大雨的夜晚，仍然穿著雨衣、踩著三輪車，沿街叫賣臭豆腐，直到凌晨兩三點才能全部賣完；當你每天早上出門時，從阿爸做生意的褲子口袋中取出泛著臭豆腐油膩的鈔票時，我相信只要你還有人性，買玩具、買衣服或名牌包包的欲望都會消失。這也就是爲什麼我只要用父母給我的錢買參考書，一定會整本念完，題目一定全部寫完，因爲這些錢都是阿爸踩著三輪車換來的。

匱乏的生活讓我從小就知道，一切都必須要靠自己的努力才能獲得，只有不斷的努力才是成功唯一的機會，而讀書又是獲得賺錢及生存技能最有效率的途徑，所以從小我就很努力用功讀書，因爲我不想要只能看著餐廳DM流口水，我一定要走進去吃吃看！

在努力達成夢想的過程中，我不斷地克服一次又一次的難關，諸如大學聯考、律師考試等，獲得勝利，建立自信；在打工、上班、創業的過程中，賺取自己努力掙來的血汗錢，我感受到賺錢的辛苦，學會珍惜得來不易的金錢及一切，並學習到社會歷練，作爲我在社會生存的資本；在每次將錢奉養父母時，感受到自己存在價值的成就感。這一切的一切，都來自

「匱乏的物質生活」，因為匱乏的物質生活，所以現在的我，在物質生活上將不再匱乏。

物資充裕的小孩將喪失鬥志

任何事情都會在學習的過程中，得到實踐的經驗。當小孩在孩童時期，透過撒嬌或吵鬧就可以獲得他們想要的東西，經過多年的磨練，長大後就有專門對付父母親的要錢手段，看是要哭、要鬧、還是裝可憐，必要時還會連續餓個幾餐，看你心疼不心疼。所以在「過量」的物質生活中長大的小孩，這輩子獲取金錢物質的唯一對象就是父母，而不是外面世界的老闆、客戶。他不需要用功念書或努力工作，只要努力學習用什麼樣的身段或方法，讓父母乖乖掏錢出來就好。而做父母的也不用抱怨，因爲你已經幫他完成太多人生本來應該自己實現的夢想，如住豪宅、開名車、穿名牌等，他何必需要培養鬥志，只要保持心情愉快，健康呼吸活著就好，也許這樣對他而言，已經是很大的挑戰了。

當你正巧已經擁有這樣的技能，也不必太開心，因爲俗話說：「靠山，山會崩；靠人，人會倒。」當你只會這招時，就算你從父母那邊獲得再多的金錢，都是虛幻而不堪一擊的，因爲你沒有任何在眞實世界裡存活的能力，也沒有鬥志。當父母親不在的那一天，等你揮霍殆盡後，就會明白：原來父母親給小孩成長最好的養分就是匱乏。

只有爆炸性壓力，才有爆炸性進步！

前幾天，有一位客戶誠懇地拜託我跟他的小孩談一談，希望我以自身的成長經歷，給小孩一些正面思考的刺激。幾天後，我依約到這位企業家家裡和他的小孩喝咖啡，對方是一位高三的學生，正要面臨大學學測。我花了大約兩個小時陪他談考試、大學的讀書計畫、未來的職業規畫，甚至一些人生問題的價值觀。

「念書壓力很大，我不喜歡！」「大學考不好不用擔心，因為我爸媽會送我出國！」「我幹嘛這麼努力，反正爸媽會給我錢！」「我才不想要管公司呢！壓力很大耶！以後我會交給別人管，只要他們固定給我分紅就好。」他說。我從他這些話中看出，他嚴重欠缺抗壓力。

雖然在談話過程中，我還是給了他一些建議。但是，當天回家後，我心裡有很深的感觸，因爲這孩子的資質不錯，心態卻有很大的問題，特別是對於壓力的承受度和看法。如果深入探討這些問題的形成原因，其實他的父母親在某種程度上必須負起責任。

別以「適當的壓力」當作逃避的藉口

我們常聽到這句話：「不要給小孩過多的壓力，給適當的壓力就好。」這句話的原意沒有太大的問題，但卻會因爲每個家庭背景的不同，而對這句話產生不同程度的解讀。

一般窮人家因爲物質資源匱乏，想要讓小孩過好一點的生活，往往心有餘而力不足，所以在這種環境下成長的小孩，常常必須忍受物質資源的不足，而且在很小的年紀就要幫忙做家事、做生意、帶弟妹。其實，這樣的童年幾乎是每個四、五年級生的共同回憶。當時台灣經濟尙未起飛，一般家庭都過著很辛苦的日子，小孩們從小看著父母爲了家計努力工作，都可以深刻地感受到整個家庭的「生存壓力」。因此，幾乎每個人都希望快快長大，好幫家裡賺錢，減輕父母親的家庭重擔，甚至有些家中較年長的小孩會犧牲學業、提早出去工作，好讓弟妹可以完成學業。當所有的小孩長大後，都努力地賺錢，希望可以讓辛苦一輩子的父母親享享清福。

在這段時期，沒有人會談論什麼叫「適當的壓力」，唯一的信念只有「活下去」，根本不知道什麼是「壓力」，只知道一定要打拚才有飯吃，家人才可以過比較好的生活。至於小孩子的教育，只要有書念就不錯了，養不養得活小孩都還是個問題呢！

然而，隨著台灣經濟起飛，一般人的經濟條件逐漸改善，對於教育也有了「品質」的要求，所以強調愛的教育，老師不能再體罰學生；升學考試不應該給予學生過多的「壓力」，所以筆試盡量簡化，甚至在英文考試中還出現了大量中文解釋的怪異現象。

依循這樣的氛圍，大家不斷地強調「適當的壓力」！再加上少子化，每個父母對於僅有的一個或兩個小孩特別疼愛，對於「過當」兩個字的解釋越來越寬鬆。父母不斷地滿足小孩物質上的需求，小孩不需要靠自身的努力、面對及突破壓力，就能獲得一切。「適當壓力」的定義界線不斷地退縮，結果小孩子變成抗壓力低的「草莓族」，甚至是「水蜜桃族」！在未來兩岸人才的競爭上極度弱化，根本不堪一擊！

我始終抱著一個重要的信念，那就是：**「只有爆炸性的壓力，才會帶來爆炸性的進步；適當的壓力，只是偷懶的開始！」**這樣的信念帶領著我突破許多挑戰，我的身體也沒有因為「爆炸性壓力」而變差，心靈也沒有因為「爆炸性壓力」而扭曲，反而因為每次迎接壓力、突破壓力，使我可以承受更大的壓力及挑戰，造就了「爆炸性進步」。

這跟運動員訓練體能的道理是一樣的，不斷地在每次訓練中，痛苦地、全身痠痛地突破再突破，才能使體能逐漸變強，成為強悍的運動員。想要成為強者的你，別再相信「適當的壓力」可以帶來令你滿意的進步，更不要以「適當的壓力」作為逃避的藉口。學習承受「爆炸性壓力」，才會有「爆炸性進步」，以面對未來兩岸、甚至全球化的人才競爭。

九十五分與一百分的差距，不是五分，而是無限大！

現在的大學入學考試之一——學科能力測驗，是在每年一月底、高三上學期結束時進行。每年在高二下學期開課時，我很喜歡問學生想念什麼大學。這時因爲還沒有直接感受到考試壓力，所以很多學生會充滿自信地回答：當然是以台大爲目標。並認爲自己今年只要努力不失常，就有機會考上台大。

到了高三上學期，再問學生相同的問題時，學生的語調卻不再充滿自信，取而代之的是希望考上政大、清大或交大，甚至只要有國立大學就很滿足。至於台大，似乎已經不敢期待了！

這個現象很有趣，明明只有幾個月的時間，如果學生有努力準備，實力應該更勝以往才對。但學生卻隨著考試日期的逼近而失去自信，甚至產生恐懼、逃避的心情，認爲第一不再是屬於他的，只要能有第二或第三就滿足了，就可以對自己交代了。

拚到最後的台灣土狗精神

記得我當羽球運動員的時候，在整個訓練、參賽的過程中，教練與球員始終以冠軍爲唯一目標，縱使在客觀實力評斷上，我們應該拿不到冠軍，甚至連前三名都有困難。但是，奪冠的決心和毅力是絕對不容改變的！因爲，冠軍就是我們用血汗奮鬥的唯一目標，榮譽就是一個運動員的生命！所以，只要比賽結果揭曉前，有任何一絲一毫的機會可以取勝，我們將全力以赴，奮戰不懈，像台灣土狗般死咬對手不放，直到分出勝負。至於比賽最後的勝或敗，我們都接受，因爲我們已經拚盡全力，所以沒有遺憾，這就是運動員精神！這樣的「台灣土狗精神」，讓我在許多場重要比賽中締造逆轉勝的奇蹟，不但創造紀錄，也製造了回憶。

因此，每當有學生顯露懼戰、畏戰、自我安慰的心態時，就會被我好好「約談」一下，我要求只要是我的學生，就不該用這樣的態度來面對競爭！雖然，當下學生被我「嗆」了以後，也許會很難過，但這是爲他好，因爲如果他在這場升學的競賽中怯步，未來也將會不斷地在人生重要戰役中做出相同的決定，成爲一個逃避競爭的懦夫，並且不斷地悔恨！更何況，正式考試還沒到，只要還有時間，就有機會改變，與其在這邊花一小時擔心、害怕，倒不如趕快去多背幾個單字比較實際。其實，不斷地準備，就是克服恐懼的最好方式，準備得越完整，恐懼就會降得越低，離勝利就更近一步。

我不斷地教導學生一個重要的觀念，就是九十五分與一百分的差距，不是五分，而是無限大！因爲九十五分的實力就是九十五分，大家都已經知道九十五分的極限了，而一百分的實力卻是「深不可測」！因爲他已經在這次競賽中完美演出，沒有人知道他的極限。

這個道理跟第一名和第二名的差距是一樣的。無論在職業運動比賽或商業競爭中，我們始終只記得第一是誰，而不會、也沒有興趣知道第二是誰，第一名將幾乎獲得所有榮耀和利益。這就是現實，但卻也是努力奮戰到最後得勝者的勝利果實。

我並不是要表達只有第一是最好的，第二就什麼都不是，而是想說明千萬不能輕易放棄追逐第一的機會，要對得起自己，要對得起所有支持你的人，就算戰敗，也會因爲全力奮戰而學習到極爲珍貴的實戰經驗。

此外，當你咬牙撐過去，往往能獲得逆轉勝的機會，所獲得的榮耀就決定了未來許多事情。例如，我在高中畢業考取台大法律系、在大四畢業應屆考取律師執照、在代表台灣出賽獲得兩岸四地律師羽球錦標賽單雙打的金牌等，都是在犧牲許多玩樂時間、撐過許多壓力、恐懼及挑戰，所掙來的榮耀，一個屬於「台灣土狗」的榮耀。如果我在任何人生重要戰役上有絲毫懼戰或逃避，我將不會是現在的我，不是站在台上教學的法羽老師，也不是許峰源律師，更不會是我們事務所的領導者。

其實，人生有許多像是考試、運動、職場等競爭，當你有機會追逐一百分的時候，千萬不要放棄，要用盡吃奶的力氣、破釜沉舟的決心，爭取一百分，成為第一。因為，當分數與名次揭曉後，一切就決定了，且難以改變！

人生路途很漫長，但關鍵的就只有幾步

每年到了四月底，申請入學的結果放榜後，就會有許多學生陷入兩難。因爲如果現在決定錄取的學校，就不需要熬到七月，參加辛苦、困難的指考，而且還可以開始放暑假，一直放到九月中大學開學！但問題是，許多學生爲確保自己在申請入學階段就有學校可以念，所以常見高分低報的現象，但如果眞的接受現在錄取的學校，心中又有點不甘心！

這時，學生就會拿這個難題來問我，但往往我都會請他們放棄錄取的學校，直接參加七月的指考！許多學生聽到後，便流露出失望的眼神。

其實，多數學生在內心裡都希望我可以附和他們接受已經錄取的學校，告訴他們參加指考有很多風險，例如不適應考題形式、可能失常等，

最後錄取的學校可能會比現在還差。因爲他們內心眞正的想法，是不想面臨指考的壓力，想要逃避，然後趕快去放暑假。

我之所以會希望他們放棄現在高分低報的學校，是因爲在我多年教學的經驗裡，看過太多學生在正式進入大學就讀後，十分悔恨自己當年的錯誤決定。特別是當其他原本程度不如他的同學考上更好的學校，心裡的不爽更是明顯，最後索性連同學會都不想參加了。

相反地，我發現在最早挑選申請學校科系時，就挑選眞正與自己實力相當的學校，甚至略高出自己實力的學校的學生，往往可以在學測考到更好的成績，縱使學測的成績沒有達到錄取標準，這些學生也因爲沒有兩難的抉擇困境，而可以一鼓作氣、心無旁鶩地衝向指考，並在指考中取得比學測還高的分數，最後錄取心中理想的大學。

追求「安全零風險」，總有一天會後悔！

仔細研究學生之所以有上述的難題，其實在一開始選擇申請入學的校系就已經造成了。因爲他們都希望在申請入學階段就有保證錄取的學校，所以沒有選塡實力相當或超乎實力的學校，而是選擇一個低於自己實力、可以欺騙自己接受的學校，只爲追求「安全零風險」。

這樣的心態源自內心的恐懼、逃避、缺乏自信，但這就是「人性」，是每個人都有的，在每件事上都有可能遇到，所以是正常的。不過處理這種心態的方法，卻會決定一個人一輩子的成就。

一般人在面對抉擇的時候，人性會帶你選擇安全零風險的選項，這個選項不見得是正確的。例如你有七十級分的實力（高中學測分數總共七十五級分），如果只是追求最安全零風險的選項，你可以選塡十級分的學校，保證穩上的，但這樣做是對的嗎？

有的學生會選塡六十五級分的學校，因爲這樣既安全，又好像對得起自己，可以騙自己接受！等到放榜後，一定會陷入是否要去就讀的抉擇，又再一次面對人性的考驗，然後再一次順著人性走，等到大學入學就後悔了！何必這樣折磨自己呢？

也許有同學會問：「指考比學測難考，如果放棄現在的學校，到時指考考不好怎麼辦？失常怎麼辦？錄取的學校比現在還要差的話怎麼辦？」

我的回答是：「沒有人可以幫你的人生作決定，只有你最清楚自己眞正的實力，推薦甄選和申請入學只應該是一個選項，不應該是造成兩難的原因，你要認眞地問自己：現在的學校眞的是你想要的嗎？大學對於一個學生的未來有著決定性且不可抹煞的重要性，打從七歲開始讀書，十二歲進入國中，正式接受國中基測、高中學測、指考等入學考試的『荼毒』，爲的不就是可以考到一所理想的大學嗎？在這麼漫長的時間裡，你犧牲了多少玩樂的時間、放棄做自己想做的事、看眞正想看的書，現在只差一步就可以達到終點，你卻因爲那一點『恐懼』『逃避』心態，而放棄這麼多年的犧牲和努力，你眞的甘心嗎？如果不甘心，就誠實面對自己，勇敢接受指考的挑戰。」

勇敢面對挑戰，才有機會圓夢

我曾經帶過一個令人印象深刻的社會組學生，學測時考到國文十五級分、英文十五級分、社會十五級分，都是滿級分，但數學只有六級分，自然十級分，總共是六十一級分，就總級分而言，並沒有特別突出。如果他在申請入學階段硬要有一間足以「欺騙」自己的大學念的話，頂多可以填某知名國立大學的語言學系，但要進他夢想的台大外文系是不可能的！

我跟他深談，仔細分析戰略，最後說服了他放棄，他在申請入學階段時一所學校也沒有填！雖然我自己也是「皮皮挫」，但我認爲以他的成績結構一定可以賭一把！因爲他的學測分數到了指考就長得不太一樣，社會組指考總共考六科，國文、英文、數學、歷史、地理、公民，而他的學測中的社會科拆開後，就是歷史、地理和公民三科，加上滿級分的國文和英文，所以如果以十五級分約當是指考的八十分，那他就已經有四百分在手上，所以他只要好好把這五科的基本盤顧好，加上衝刺數學，要進入台大外文系就不是夢想了！

最後，這位同學在努力衝刺四個月後，如願考上台大外文系，現在已經是在椰林大道玩耍的小子，而且還勇於參加高中、國中，甚至國小同學會，跟大家分享考上的心得，這種心情，豈是一個「爽」字可以形容！

大學校系的抉擇，對於一個十七歲的孩子而言，也許是人生第一次面對的重大決定，一個影響人生的決定，所以緊張、逃避、不知所措，都是正常的。但在漫長的人生裡，這樣的選擇會不斷地出現，例如決定畢業後要不要念研究所？要在國內、國外，還是大陸念？畢業後要念博士還是進入職場？要進入哪間公司上班？這個男人或女人是值得交往的人嗎？要跟他或她走入婚姻嗎？要放棄現在的高薪，離職自己創業等人生的難題。

經由這次經驗的磨練，勇敢做出正確決定，才能在面臨下一次的挑戰時，踏上正確的路。如果這次你畏懼、逃避了，那就失去戰勝自我人性弱點的第一次機會，未來被人性左右決定的可能性將會大增，重蹈讓自己後悔的覆轍。

人生的路途很漫長，但關鍵的就只有幾步而已！在這關鍵的幾步裡，其實都隱藏著風險，但風險背後所伴隨的往往就是更高的報酬和成功。想要降低風險的唯一辦法，就是從現在開始好好拚鬥，認眞迎接大小挑戰，每次挑戰的面對和處理，就是在累積下次面臨更大挑戰時的「判斷力」和「決斷力」。千萬不要被擺在眼前安全零風險的選項給左右、影響了眞正的判斷力！

再爛的牌也得打下去，這就是人生

人的一生中，並非永遠可以拿到好牌，因爲**「沒有只進不退的人生，正如同只漲不跌的股票是不存在的」**。但眞正的強者拿到爛牌時，不會花時間抱怨，更無須找人訴苦，只會把時間花在如何面對不利的情勢，解決艱困的難題，並透過努力創造逆轉勝的結局，因爲他很清楚：「就算拿到再爛的牌也得打下去，這就是人生！」

面對現實，珍惜分分秒秒

每年到了四月底，很多學生已經透過推甄或申請制度考上理想大學，落榜的同學則要繼續面對七月初艱辛的指考。那些考上學校的學生玩都來不及了，哪會到補習班上課，頂多到補習班和老師分享上榜心得，以及關心和鼓勵其他繼續奮鬥的同學。至於那些留在補習班上課的同學，都得面對指考。

從二月初考完學測到成績放榜、填寫申請校系志願、第一階段放榜、第二階段書面審查和口試，到四月底第二階段放榜，大約歷時三個多月。這段期間學生的心態跟買樂透一樣，就是「一券在手，希望無窮」，大部分時間都用來討論未來大學生活要參加什麼社團、修什麼課、漫長的暑假計畫到哪裡玩，其餘時間也是用來拜拜或禱告，希望可以迎接學生時代最長的假期——從四月底一直到放到九月中大學開學，所以學生念書的鬥志和用功程度都會大幅下降，這也難以苛責，因爲這是「人性」！

四月底大學正式公布第二階段錄取名單，有同學看了千百回榜單，就是沒有望見自己的名字，感到不敢置信：「對照去年的分數，應該要考上」「我的備審資料這麼精美」「明明教授在口試時有對我微笑，說我表現得很不錯」「昨晚還夢見媽祖托夢說恭喜我考上」「耶穌跟我說上大學後要好好用功」，許多學生的直覺反應是不斷自問為何沒考上，但沒有人能回答，因為**在這世上，有很多事情你不會知道為什麼，但卻必須接受**。

曾經擁有希望，卻從放榜那一刻起破滅，學生在落榜後會歷經一段行屍走肉、六神無主的失神期，不斷後悔過去一年沒有好好用功，也許再努力一點就考上了。這樣的反應是可以想像的，畢竟**人生最痛苦的並非一無所有，而是擁有後再失去**！

除了希望破滅、深深的挫敗感外，學生們不但要面對比學測難度更高的指考，還得面對已考上學校同學的「關心」和「鼓勵」。更慘的是，從二月初到現在，已經很久沒有好好地念書，第一冊到第四冊的內容已經很生疏、甚至遺忘。然而最可憐的是，指考範圍除了原本學測的第一冊到第四冊外，還要加上第五冊和第六冊，重點是他們只剩下五、六月兩個月可以拚，因此內心的煎熬程度絕非一般人可以體會。

但每當看到學生眼神空洞、宛如失戀一樣的表情來找我時，我總會直接告訴他們：「現在的你有兩個選擇，第一，記取戰敗的教訓，立刻回神，珍惜現在起的一分一秒，用盡全力拚戰七月的指考；第二，繼續過著活死人的日子，每天在家裡哭，期待老師和家人每天聽你訴苦，安慰你，給你宅男女神瑤瑤的〈愛的抱抱〉，然後七月指考也一併放棄，準備明年的重考，聽說提早報名重考班還有打折！」當學生疑惑爲何我不安慰他時，我總是補上這句話：「除非你能證明不念書但每天訴苦或接受別人安慰後，可以讓指考成績考好，那我就陪你每天以淚洗面，關懷你的心情，體會你的感受。」

我知道學生是期望從我這邊得到安慰，但我不喜歡花時間聽他們訴說落榜心情，更不接受他們以失常爲原因的訴苦，不是我冷血，而是我知道：**「心情也許需要調適，但現實卻是必須面對！」**他們準備指考的時間太短了，短到根本沒有時間難過、失落、訴苦。

人生無法重來，只能記取教訓

小時候，我玩過一個電玩遊戲叫做「三國志」，每當我要攻打一座城池時，爲避免戰敗對於我方勢力的影響，我總會在攻打前先存檔，如果不幸戰敗，就關閉遊戲，並重新讀取之前的存檔，這樣就可以重新來過，保持不敗的戰績，不需承受任何失敗的後果。所以在電玩世界裡，我的人生是完美的，是全勝戰績的「獨孤求敗」。

這樣玩遊戲的經驗，相信許多同學小時候也都經歷過，我們也都希望我們的人生可以像電玩一樣，隨時可以重來，保持完美沒有挫折的人生。可惜的是，現實生活是沒有辦法「存檔」的，你的人生一分一秒都在進行，無論好與壞，只有走下去，沒有辦法重來，任何失敗的後果都必須承擔。

相信落榜對同學的打擊很大，面對指考挑戰更是艱鉅，但如同籃球大帝喬登在NBA總冠軍賽中，沒有投進逆轉勝的最後一球而落敗，當記者採訪他時，他只淡淡地說：「我們會記取今晚的教訓，但沒有時間難過，因爲明天一覺醒來，我們還得打下一場冠軍賽。」

親愛的同學們，也許學測申請入學的落敗，是你人生第一次拿到「爛牌」，可是將來你還會在不同的年紀、職位、場合拿到不同的爛牌，但如果你這次在爛牌中喪失鬥志、自怨自艾，相信將來拿到爛牌的次數會增加許多，每一次的結果只會更糟。相反地，如果能戰勝自己、突破困境、逆轉戰局，將來拿到好牌的機會必然大增，縱使拿到爛牌，你也會發現，這次的經驗將對你產生莫大的幫助。

我的讀書方法很簡單，但你做不到

在考上台大法律系後，許多學校及補習班都邀請我談讀書方法。每場演講中，學生和家長都殷殷期盼我能透露什麼「武林絕學」或「快速記憶法」等特殊技巧，可惜的是，我的讀書方法非常簡單，簡單到大家不敢相信！

「不二過」的學生不上台大，誰上台大？

我讀書方法中最核心的觀念就是「考題學習法」，講的更簡單一點就是「訂正」。我讀書時一直有「訂正強迫症」，凡是我寫過的練習題、做錯的考題，只要當中的答案或選項未來有考試價值，我就會把它訂正起來，集中在課本裡。

一開始非常辛苦，因爲錯的題目很多，需要訂正的部分也就非常多，常要花掉大量時間。隨著一張考卷、兩張考卷，無數張考卷的訂正，我的課本已經布滿無數考題的精華。慢慢地，我發現考完後需要訂正的題目變少，訂正的時間也就跟著變少，有趣的是，分數卻變多了！

印象最深刻的是高中時，我有許多參考書都是去科任老師辦公室要來的。因爲老師都會有衆多廠商提供的樣書，每到學期末都必須清倉，我便利用幫老師大掃除時要來準備丟棄的參考書，這樣就可以省下大筆買參考書的費用。

高三時，我要到一本地理題庫參考書，這本參考書有一個缺點，那就是題目量太大，大到一般學生是不可能寫完的，每一課大約都有上百題左右，非常驚人。光是地理就有六冊，每冊約二十課，算起來這本參考書約有一萬二千題，一般學生是不太可能寫完的，難怪會被老師丟棄。我拿到這本參考書後，因爲「訂正強迫症」的關係，不但把整本寫完，還將每一題訂正完，過程非常痛苦，有點像參加馬拉松比賽，當體力透支時，總覺得路程很遙遠，怎麼寫都寫不完。但當我訂正完最後一題的時候，那種感動和解脫眞是言語難以形容！

從我解脫的那一刻起，在學校各種小考都拿到極高的分數，通常一張考卷我只會錯個一兩題，後來甚至在北模考試中拿過九七．五分的「怪物分數」（每題兩分，倒扣〇．五分），那次考試的高標僅五十五分！

仔細分析這樣的成果，就會發現道理很簡單，以我訂正過的參考書一萬二千題加上平常所有大小考的題目，保守估計我的題庫量應該達到一萬八千題，出題老師想要徹底擊敗我，就至少要把一萬八千題的所有考點研究過，並創新考題，才有機會考倒我。但就算如此也不必擔心，因爲當我答不出來時，其他同學在正常情況下也是答不出來，所以那個題目就當作沒考過，反正大家都不會！更何況，考題通常約五十題，出題老師不可能每一題都費這麼大勁，所以我仍然可以拿下其他題的分數，反正，本來就沒有人規定滿分才可以上台大！

我就靠著這套「考題學習法」順利在每一科都獲得高分，考進台大，並在四年後的律師高考中順利過關。

從小學開始，不論是生字或考題的錯誤，老師總會要求你「訂正」，有時只是單純的改正，有時還要另外罰抄寫。這個看似不起眼的小動作，背後其實隱含著極爲重要的人生道理。俗話說：「不二過的人就是偉人。」也就是說，在做人處事上，如果有辦法將任何犯過的錯誤立即改正，並不再犯，這個人就不是普通人，而是偉人！**既然不二過的人就是偉人，那不二過的學生不上台大，誰上台大？**

養成訂正習慣，獲益無窮！

出社會後，我仍維持「訂正」的習慣，不同在於以往訂正的是考題，現在則是每天遭遇的人事物、有價值的資訊、聽到的名言錦句、檢討自己犯的錯誤、修改工作方式等，並將這些人生經驗整理記錄下來。這對於我的人生有很大的幫助，無論在事業經營、人脈、做事等方面，都讓我避免走很多冤枉路，解答我很多人生遭遇的難題。

許多人都輕忽「訂正」的重要性，或者有時興起要努力訂正的念頭，但決心通常只維持幾天，發現太累後就放棄，恢復對錯誤視而不見的狀態。這樣的習慣在出社會後做事是很危險的！再多的錯誤都必須不逃避地改正，否則**「小錯不改，必有大禍」**。一個職場的菜鳥本來就會遭遇很多錯誤，若逃避修改，如何期待自己未來變成有經驗的老鳥？難道你天真地以爲只要隨著年紀大就會變成老鳥、變成經驗豐富的前輩？那公司只要聘請人瑞來上班就好了！

訂正是一件很小而且簡單的事，難就難在持之以恆，所以我在讀書方法的演講中總是以「我的讀書方法很簡單，但你做不到」作爲開場白！當你還是學生時，就養成訂正的習慣，必然可以考取理想學校；當你出社會工作後，繼續維持訂正的習慣，你就是職場中不可多得的人才。如同王品集團董事長戴勝益先生所說的：**「簡單的事做久了，就是一種不簡單。」**

上課K書術

許多學生和朋友都很好奇，爲什麼我當學生的時候，可以同時兼顧念書、打球及工作？爲什麼我在職場上可以同時兼任保險律師、民事訴訟法及公民與社會補教老師，還有研究所的研究生？

我的方法之一，就是「上課K書術」，一種超越專注的「超專注能力」。所謂「上課K書術」，指的就是在課堂上就把老師的上課內容背起來的一種讀書方法，可以大量降低回家後所需要的複習時間，進而大幅提升讀書效率。乍聽之下，你一定會好奇，這是如何辦到的？

其實說穿了，你一點也不陌生，只是不常或很久沒有運用而已。你是否還記得當學生的時候，如果對下一堂課要考的內容還複習得不夠，下課十分鐘的讀書效率一定會比平常還要高、還要專注。而上課K書術，只不過就是把這樣的專注力運用到所有上課的期間。

又例如同樣一堂課，如果老師說要在三個月後考這堂課的上課內容，你的上課專注度將會如何？但如果老師改說，等一下就要考，沒有達到滿分的同學一律吊起來打，你的上課專注度是否會大不相同？

人的記憶和專注度是可以被強迫的！但基於人的惰性，所以在還沒有感受到考試壓力的課堂上，同學的專注度只是聽，聽久了就會不小心睡著了！爲什麼課堂上最專注的人永遠是授課老師？因爲他要隨時不斷在大腦中組織授課內容、注意同學反應，所以不會上課上到睡著！（雖然我在大學時，眞的有遇過老師上課上到睡著的！不過這眞的是極少數、極少數的例外喔！）這種上課超越單純聽講的專注力，我稱它爲「超專注能力」。

接下來，也許你會問，就算我很專注、運用這種「超專注能力」，我如何知道自己背起來了？那我會回答，那你又是如何確定自己在家裡念書時，已經把讀書的內容「背」起來了？由此可知，不論在上課背，還是回家背，都必須要靠實戰做題目，才會得到驗證。

其實仔細想想，無論在課堂上或在家裡念書，都只是在接收資訊，只是一個是被動地，一個是主動地接收資訊。前者不能決定資訊傳達的速度，因爲是由老師決定，但後者可以。因爲當不懂的時候，可以停下來思考，把書翻回前面再看一遍。除此之外，兩者幾乎並無不同。表示在課堂上記憶並非「完全不能」，只是「很難」做到！

請大家想想看，有哪個馬拉松的選手是天生就會跑四二．三公里？還不是從一公里、兩公里訓練起來的！所以，假如你現在的「超專注能力」，僅能記住課堂內容的五〇%、三〇%，甚至只有一〇%，都應該立刻開始將這一〇%強迫記憶起來，因爲你回到家後，至少可以減少一〇%的念書時間。此外，如果你不從一〇%開始訓練起，如何期待能夠達到二〇%、三〇%，甚至五〇%以上？

我在學生時代所學到的「上課K書術」，對於我出社會做事有莫大助益，只要我在做任何事情時發揮「超專注」能力，許多事情都可以在很短的時間內有效率地完成。

許多人每天平常上班時，帶早餐進辦公室，邊吃邊上網，吃完後悠閒地翻開今天的工作清單，慢慢地開始工作，一轉眼就到了午飯時間，午飯後，血液都在胃裡，充滿睡意、緩慢處理公事，同時期待午飯消化後悠閒的下午茶時間，下午茶後沒多久又要下班了，做不完的就等明天再說吧，反正到期日又還沒有逼近！

這樣的工作專注程度，其實就跟許多書念不好的學生一樣，上課的專注度只是「聽」而已，欠缺「超專注能力」，自以為「專注」，其實只是瞎忙、裝忙、混時間。如果你可以要求自己開始學習、練習、運用「超專注能力」，無論你的讀書效率、工作效率，都將會大幅提升！

「後悔」和「如果」，在歷史中從來就沒有市場

「老師，怎麼辦？爲什麼我看著書，卻只能發呆，一個字都念不下去，腦海裡不斷出現他們兩個的畫面，怎麼辦？現在已經六月了，我一題數學都解不出來了！爲什麼他要這樣對我？」小美用幾近崩潰的語調說。她不斷湧出的淚水，讓我百般心疼，更不知所措，不知道怎麼做才能幫助眼前的這位學生，她的學業、前途正處於極端危機狀態！

小美是一位讓我印象極爲深刻的學生，在校成績及模擬考成績始終維持全校文組前二十名，如果沒有意外，例如拉肚子、塡錯卡等莫名其妙的倒楣事，以她的實力，全國文組的學校科系可說都可以任她塡，而她自己

最大的心願是可以進入台大法律系、成爲我的學妹。

小美的外型姣好又聰明，從高一起就有一位大她八歲的男朋友阿凱，兩人的感情很好，但因爲小美還在念書，所以只能利用星期六晚上約會，享受短暫的甜蜜時光。

在高三下學期五月底的一個星期六，她一如往常地在下午補完習後去找「最疼愛」她的阿凱。她很納悶爲什麼打電話都沒接通，所以便很擔心並直接到阿凱的租房處找他，身爲「女主人」的她當然有鑰匙，正當她開門進去時，眼前的景象讓她完全愣住，她發現阿凱正和一位女人摟抱在一起，她怒氣沖沖地上前質問他和那個女人，沒想到那個女人卻質問她：「妳是誰？怎麼會有鑰匙呢？」在兩人一陣混亂、叫罵、爭吵、哭鬧後，小美終於搞清楚，眼前這個女人原來是她和阿凱之間的「第三者」，一個已經存在八年的第三者！八年！沒錯，這個第三者已經存在八年了，而身爲「正宮娘娘」的小美，「年資」只有三年！唉，眞相終於大白，原來小美才是「眞正的第三者」！

阿凱無言以對，連解釋的勇氣也沒有，平常給小美極大安全感、成熟穩重、最疼愛她的男朋友，這個時候竟然極為懦弱、膽小！小美狠狠地甩了阿凱一巴掌後，就衝出門，帶著狂飆的淚水，不斷奔跑、狂叫，最後終於回到最疼愛她的父母懷裡……

從那天起，小美的淚水沒有停過……原本她只要看一眼考題，就知道正確答案，書本、考題和分數一直都是她最有默契的夥伴，自從那件事之後，卻似乎完全不認識它們了。每到了接近晚餐時間，小美的眼淚就會不自覺地流下，沾濕了課本，因為以前這個時候，阿凱都會送愛心晚餐來給她，並利用短暫的晚餐時間講講話，分享一下念書心得。他總會在這時給她輕輕的擁抱，鼓勵她繼續加油。阿凱的「背叛」（應該說是「欺騙」，因為「背叛」的字眼應該是那位正宮娘娘說的）深深地傷了小美的心，小美的心已經遺落在連她自己都找不到的地方了。

當我看到模擬考成績後，發現小美的成績竟然這麼差，起初還以為她只是填錯答案，但當我親自去找了小美時，才得知這件事的來龍去脈。小美見到我後，只是不斷地哭。我每天陪她說話，費盡唇舌，想要勸她先放下感情問題，盡快回歸戰線，因爲只剩下不到兩個星期就要指考了，先撐過這段時間再說。但我發現好難、好難！沒想到愛情的力量這麼大，大到親情、友情和師徒之情都無法撼動分毫。

指考結束、成績放榜了，原本應該是小美迎接榮耀的時刻，享受走在椰林大道的喜悅、感受購買電影票拿出台大學生證的低調驕傲感，但這一切都變成了泡影。因爲小美，北一女中頂尖的考手、準台大法律系學生，在最後的關卡上，敗給她從未遭遇過的對手——失戀！最後她考上了私立大學國貿系……

後來，我在街頭偶遇小美，她變得成熟許多，在一家外商公司打工，對於那段感情也早就釋懷了，反而覺得當時自己很幼稚，而且非常後悔當時爲何沒有聽勸，暫時放下感情問題，全力應付指考的征戰。現在她只能犧牲大學生活，非常辛苦地準備轉學考試，但她很認眞地跟我說，她還是希望可以考進台大法律系當我的學妹！我很開心，因爲我從她的語調中又看到了我熟悉的小美，她終於找回自信，只是付出的代價就是比其他同學多花足足兩年的時間，而且還不一定能彌補回來。因爲台大法律系的轉學考是全國有名的難考，難度已經不是指考可以比擬的！原本她只需要冷靜兩個星期，一切就會有所不同……

戀愛本身不是壞事，我也從來不主張全面禁止，因爲在現代社會裡想要禁止學生談戀愛，根本就像是期待藍綠握手言和一樣是不可能的任務！

我總是要求孩子們在決定談戀愛前，一定要秤秤自己的斤兩，像小美這樣頂尖的學生，都會敗在戀愛這個關卡，你有把握如果還是愛上了，不受影響嗎？人家說「愛到卡慘死」（台語），這個時候去禁止孩子談戀愛沒有意義，但我總會在課堂上不斷地要求學生在大考之前，在戀愛這件事上千萬不要有「正表現」（正式交往）或「負表現」（分手），一切的一切都等大考過了再說吧！甚至連吵架也一樣，不然等考試結果出來後，看著榜單，你就會淚流滿面了！人家是因爲考上名校而開心到流淚，而你卻是因爲可惡的他（她）而流淚，這時候就算你承認父母親和老師給你的提點都是對的，也都來不及了！

人生最愚蠢的，就是做出讓自己後悔的事，就像著名歷史小說家當年明月說過的：「**因為『後悔』和『如果』這兩個詞在歷史的洪流裡，從來就沒有市場**！」許多學生都會高估自己對於興奮、低潮及壓力的情緒控制能力，這就好比吸毒者在一開始嘗試時，只是為了刺激，而且堅信自己一定可以控制得當，不會上癮。但事實證明，嘗試吸毒但不上癮的人，似乎只有在神話中出現！

The Eurasian Publishing Group
圓神出版事業機構
用心與你對話・視野無限寬廣
方智出版社
Fine Press

http://www.booklife.com.tw　reader@mail.eurasian.com.tw

自信人生 092

年輕，不打安全牌

作　　者／許峰源
發 行 人／簡志忠
出 版 者／方智出版社股份有限公司
地　　址／台北市南京東路四段50號6樓之1
電　　話／（02）2579-6600・2579-8800・2570-3939
傳　　真／（02）2579-0338・2577-3220・2570-3636
郵撥帳號／13633081　方智出版社股份有限公司
總 編 輯／陳秋月
資深主編／賴良珠
責任編輯／柳怡如
美術編輯／金益健
行銷企畫／吳幸芳・涂姿宇
專案企劃／賴真真
印務統籌／林永潔
監　　印／高榮祥
校　　對／許峰源・張瑋珍・賴真真
排　　版／陳采淇
經 銷 商／叩應股份有限公司
法律顧問／圓神出版事業機構法律顧問　蕭雄淋律師
印　　刷／祥峰印刷廠
2010年12月　初版
2024年5月　45刷

定價 230 元　ISBN 978-986-175-213-6

你本來就應該得到生命所必須給你的一切美好！

祕密，就是過去、現在和未來的一切解答。

——《The Secret 祕密》

國家圖書館出版品預行編目資料

年輕，不打安全牌 / 許峰源 著；-- 初版 -- 臺北市：方智，2010.12
192 面；14.8×20.8公分 --（自信人生；092）
ISBN 978-986-175-213-6（平裝）
1. 成功法

177.2 99020699